U0857492

佛教小百科

◎建筑◎

【卞谦◎著】

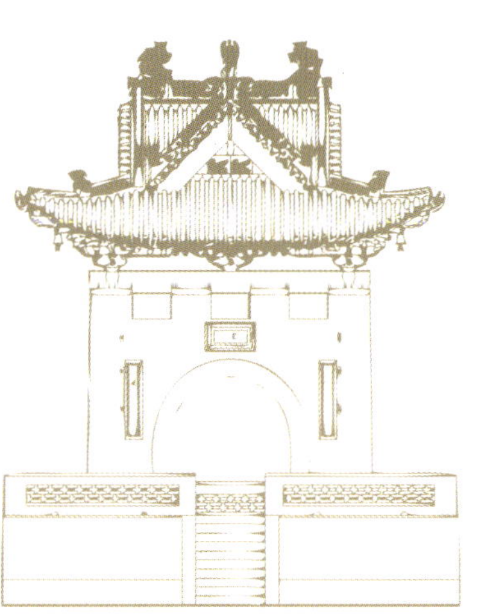

上海科学普及出版社

图书在版编目（CIP）数据

佛教小百科．建筑／卞谦著．—上海：上海科学普及出版社，2011.1

ISBN 978-7-5427-4841-6

Ⅰ.①佛… Ⅱ.①卞… Ⅲ.①佛教－宗教建筑－中国－通俗读物 Ⅳ.①B94-49

中国版本图书馆 CIP 数据核字（2010）第 248661 号

◎建筑◎

出　　版：上海科学普及出版社
（上海市中山北路 832 号　200070）http://www.pspsh.com
制　　作：日知图书（www.rzbook.com）
印　　刷：北京联兴盛业印刷股份有限公司
发　　行：上海科学普及出版社
开　　本：16 开（787×1092）
印　　张：12 印张
字　　数：150 千字
标准书号：ISBN 978-7-5427-4841-6
版　　次：2011 年 1 月第 1 版　2011 年 1 月第 1 次印刷
定　　价：49.00 元

佛教在汉代从印度传入中国，自此，绵延千年，与东方传统文化相结合，形成了独特的佛教文化，也留下了让人叹为观止的佛教建筑。寺庙是中国佛教建筑之一，起源于印度的寺庙建筑，从北魏开始在中国兴盛起来。这些建筑记载了中国社会文化的发展和宗教的兴衰，具有重要的历史价值和艺术价值。

中国古人在建筑格局上有很深的阴阳宇宙观和崇尚对称、秩序、稳定的审美心理。因此中国佛寺融合了中国特有的祭祀祖宗、天地的功能，仍然多采用平面方形、南北中轴线布局、对称稳重且整齐严谨的建筑布局。中国古代寺庙的布局大多是正面中路为山门，山门内左右分别为钟楼、鼓楼，正面是天王殿，殿内有四大金刚塑像，后面依次为大雄宝殿和藏经楼，僧房、斋堂则分列正中路左右两侧。大雄宝殿是佛寺中最重要、最庞大的建筑，“大雄”即为佛祖释迦牟尼。

古印度佛教最重要的建筑就是塔，塔内埋藏佛祖的身骨舍利，因此，塔就成为教徒们顶礼膜拜的神圣建筑。受印度佛教建筑的影响，中国佛教建筑最初的寺庙也把塔放在中心位置。据说，白马寺的中心建筑是一座大方木塔，周围建有殿堂、廊门。史书上记载，南北朝时期的一些寺庙都以塔为主体建筑，使之处于中心位置。到唐代，塔的地位逐步降低，殿的地位日益提高。开始时，塔殿并立；继而，塔在殿后；最后，塔被置于寺外，或另建塔院，而殿却被放在寺庙建筑的主体位置上。如闻名遐迩的河南少林寺，佛殿是主体建筑，寺内没有佛塔。所有的塔，包括拥有两百余座高僧墓的塔林，都被安置在寺外。

到了宋代，以殿为中心的佛教寺庙，又被中国佛教中的一个重要派别——禅宗发展成“伽蓝七堂”的建筑形式。七堂，即指佛堂、法堂、僧房、库厨橱、山门、西净、浴室等。这样，从印度传来的佛教寺庙，已全部“中国化”了。

目录

佛教小百科

目录

◎建筑◎

佛教小百科

佛教寺院文化的源头是什么？

中国佛教源于印度，中国寺庙也可溯自「西天伽蓝」。

佛教在中国已经有2000多年的传播历史了，这当然也是它的发展史。其影响可以说已经触及了中国思想文化的各个领域。就遣词造句而言，“寺庙”是地地道道的中国词语。寺为官方的办公衙署，而庙则为祭祖的场所。用“寺庙”来专指佛教的建筑场所，这是佛教传入中国以后的事情。这里所讲的溯源乃是指与中国寺庙性质、功用相类似的建筑，在其初始地——印度究竟是如何形成的，而非对“寺庙”一词本身的追根溯源，这是首先要交代清楚的。

明·铜鎏金释迦牟尼佛像

关于印度佛教建筑场所的名称，在中国早期的典籍中尚可寻觅到其踪影。《洛阳伽蓝记》中的“伽蓝”就是印度佛教建筑场所名称的音译，其他诸如“阿兰若”、“兰若”、“僧伽蓝”等都是印度佛寺的不同音译。其中，阿兰若及兰若是指僧人独自清修的静舍，一般规模都不大，颇类似于中国的“庵”；而“伽蓝”与“僧伽蓝”实际上都是印度佛寺的标准译音“僧伽蓝摩”的不同略译而已。“僧伽”的意思为僧众，“蓝摩”的意思为园，合起来就是僧众所居的园林。就其形制而言，“僧伽蓝摩”又分精舍与支提两种。

在古印度，这些处所一般都由国王或大富长者施舍，供各处僧侣居住，简称“伽蓝”。在释迦牟尼时代，因比丘除了三衣、钵具之外不许有别的财产，所以伽蓝是从任何地方来的比丘都可以居住的场所，故又称为“十方僧场”。僧伽蓝摩的别名叫“频陀婆那”，意思是“丛林”。“多比丘一处和合，是名‘僧伽’。譬如大树丛聚，得名‘丛林’。”这就是说，众僧和合共处一处，犹如树木丛集为林。

伽蓝又有“精舍”和“支提”之分。精舍之意为精进修行者所居。精舍初为讲道场，后为僧众住所。相传释迦牟尼成道后，开始四处传教。他在摩揭陀国取得了很大成功，皈依佛教的迦兰陀长者，主动献出首都王舍城附近的一大竹园给他，而该国君主频婆娑罗对释迦牟尼也极为崇拜，就在竹园修建了精舍，作为佛陀居留、说法之地，名曰“竹园精舍”。拘萨罗国首都舍卫城一位名叫给孤独的商人为了表示对佛陀的虔信，用金砖铺地为代价买下了波斯匿王太了祇陀在舍卫城南的花园，建筑精舍，作为佛陀在舍卫城居住说法的场所。而祇陀太子仅出卖花园的地面，自己将园中的树木奉献出来，以表示对佛陀的崇仰。故用两人的名字命名此精舍为“祇树给孤独园”，简称“祇园精舍”。此精舍与“竹园精舍”并称佛教最早的两大精舍。支提是梵文音译，意为“积聚”。古印度有些僧侣修行时住在石窟里，石窟中央是方形讲堂，左右两侧和正面开凿有很多一丈见方的小型石室，每室只能容纳一僧住在里面坐禅苦修。为了能

印度祇园精舍遗址中的佛像

在苦修过程中随时拜佛，便在石窟中堂后壁上刻出了小型佛塔。人们就称这种刻有佛塔和其他雕刻的石窟为“支提”，汉译为“石窟寺”。印度还有一种供僧人修道、居住的处所叫“阿兰若”，也是梵文音译，意为“空闲处”，指僧人在村外空隙之地造房修道；或不造房屋而栖息于大树下称“阿兰若”。比丘自建的阿兰若，一旦本人远游，就等于是舍弃了，任何比丘都可以迁入居住。

中国汉地的佛教寺庙发轫于汉代，风靡于六期，继盛于隋唐。“寺”在古代为官署名，如“太常寺”、“鸿胪寺”等。而庙则是一般祭祀神灵的场所。相传佛教传到中国，是由东汉明帝派遣使臣前往西域求佛法，请来迦叶摩腾和竺法兰到洛阳而开始的。两位西域高僧初到时被招待住在鸿胪寺（掌管宾客朝会礼仪之地）。第二年明帝为他们修建了供佛修道之所，并以“寺”名之。因两位高僧曾用白马驮载经像而来，故名曰“白马寺”。自有洛阳白马寺后，全国兴起建寺造宇之风，寺中“以铜为人，黄金涂身，衣以锦采，重铜磬九重”，很是辉煌宏丽。六朝佛学隆盛寺宇众多。北魏时寺庙达 3 万余所，僧尼多达 200 余万。隋唐是中国佛教鼎盛期更是寺宇林立，唐武宗灭佛时曾拆毁大寺 4600 余所、小寺 4 万余所，令 26 万余僧尼还俗。唐末已有佛教徒集中朝拜的寺庙建筑群，如文殊菩萨圣地五台山、佛骨圣地凤翔法门寺等。至南宋时已形成全国著名的“五山十刹”。“五山”是：杭州径山万福寺，飞来峰灵隐寺，南屏山净慈寺，宁波天童山景德寺，阿育王山广利寺；“十刹”是：杭州永祚寺，湖州万寿寺，江宁灵谷寺，苏州光孝寺，奉化雪窦寺，温州龙翔寺，福州雪峰崇圣寺，金华宝林寺，苏州云岩寺和天台国清寺。约自元代起，中国喇嘛教日益兴盛，喇嘛教寺庙建筑在明清时代达到高峰。

随着佛教的传播，中华大地寺院林立，至 1949 年之前中国佛教寺院已达 5 万多座。由于汉语造词丰富，寺院便有了许多别名异称。如“梵刹”、“宝刹”、“香刹”等，亦可称之为“佛地”、“佛宇”、“佛庐”、“佛祠”、“佛庙”；有称“僧宇”、“僧寺”、“僧院”、“僧廊”、“僧舍”的；也有称“禅院”、“禅林”、“禅舍”、“禅庙”、“禅堂”的；还有称“梵林”、“梵宇”、“梵宫”、“梵堂”、“梵城”的；又因佛的毛发及佛国都是绀青色的，故也称寺庙为“绀宇”、

“绀园”、“绀殿”。而南朝梁武帝崇佛，武帝姓萧，故当时造寺建庙有称“萧寺”的。另外，后魏太武帝造伽蓝曾以“拓提”名之。“拓提”为梵文“Caturdesa”的音译，意为“四方”，本写作“斗提奢”，后省作“拓提”。后世不知何人将“拓提”误为“招提”竟也沿用开去，传至日本。至于寺庙的传统名称：“精舍”、“祇园”、“兰若”、“伽蓝”等，则更是历千年传万里。

喇嘛教白塔

佛教寺庙有哪几种类型？

中国佛教寺庙建筑按其布局特点来划分，大致可以分为单体式、组群式、廊院式、塔庙式、园林式、禅堂式、喇嘛式、傣族式布局等类型。

单体式布局非常简单，仅以个别建筑或小独院为道场。中国广大山区和农村广泛存在的茅庵、精舍、小庙均属此种类型。其主要特点是：寺庙占地极为有限；几无专人管理，一般由周围信众或村民自行管理；即使有僧人管理亦人数极少，且多为外来僧人，“常贵游化不乐专守，居食无定处”，是信众单纯进行礼拜仪式的场所。单体式寺庙是僧人模仿释迦牟尼修行之法建造的小型精舍，其形式布局十分自由，从草庐、竹棚到石室、茅庵等都有出现。通常是依山傍谷修建，也有建于僧人墓所或立于宫室、宅邸者。这些供讲学禅修之用的精舍往往发展成为佛寺。

组群式布局的特点是除中院外，又设立众多“别院”或“重院”。佛教一般把主体建筑佛殿所在院落称做“中院”（寺庙最初建立部分），依中院建立起来的其余院落则称做“别院”。中院又称“佛地”，院内集中设置佛塔、佛殿、讲堂、佛阁等建筑物，是寺院中最主要的部分。别院又称“重院”，主要有四种类型：①佛殿院。为专门供奉佛和菩萨而设立的殿堂。②祖师院。为供奉本派历代祖师或本寺开山祖师而设。③僧房院。是高僧大德或方丈独居院落或一般僧人居所。④职能院。如翻经院、藏经院、浴室院、僧厨院等。组群式寺庙布局的特点是：布局中有明确的中轴线，寺内主要建筑物都依此轴线布列；以中院为核心，周围设立大量别院，整体布局主次分明，院落布列整齐有序；布局中有明确的功能区分。

廊院式布局是一种受印度佛教寺院形式影响，并结合中国传统构图而形成的寺庙形制。其布局特点是在佛殿（塔、阁）四周以廊屋围绕，或紧挨中院两侧沿中轴线走向顺序布列，并从廊上辟门通行，故称之为“廊院”。廊院的数量与中院规模的大小相应，少的仅有南北两院，多的则左右互置、廊庑环绕。廊院

式布局的构图特色是向心的，对独院来讲可以形成强烈的艺术面貌，但对多院的组群布局则显得主题过于分散，不易形成统一构图，也不适宜修建于较复杂的地形，尤其是山地、崖岩等处，因而逐渐被纵轴式布局所取代。

塔庙式布局是一种立塔为寺、堂塔并立，以塔为中心的寺庙建筑布局。作为早期佛寺主体的佛塔实际上是一种外来的佛殿形式。在公元前后形成并流行于西北印度的犍陀罗艺术中，佛像已成为人们的崇拜对象。自那时起，佛塔在外观形式和内部空间上都开始与佛像发生关联，出现了所谓“入塔观像”的形制，就是将佛像置于塔内供人禅观和礼拜。寺庙布局以佛塔为主体，佛殿只是对佛塔功能的一种扩充（如塔内空间不能满足安置较大佛像的需要）或替代（对寺内无塔或尚未立塔者而言）。南方寺庙盛行因求获舍利而立塔，甚至于一寺之中建造数座佛塔（如建康长干寺共起 5 座舍利塔），后来传统的宫殿布局方式日益应用于佛寺建筑群，到隋唐时以佛殿为中心主体、佛塔分置两侧或别院的塔庙式布局终于定型。

园林式寺院昆明圆通寺

南传佛教泰式寺院建筑

园林式布局是一种将单体式、组群式或塔庙式格局与所在地自然环境或人造环境相结合的寺庙类型。根据所在地和构景特征，一般可把园林寺庙划分为城市型、山林型和综合型三类。城市型一般位于城市和近郊，寺外无园林环境，常有独立的寺园，园内以人工造景为主，其风格和构景特征与私家园林差异不大；山林型一般位于自然风景优美的山林村野，寺外具有园林环境或山林环境，以自然景观为主，辅以人工造景；综合型一般位于风景条件较好、地形复杂的近郊，既有自然景观为主的构景，也有人工景观为主的构景，两种构景方式综合并用。综合型园林寺庙集中了以上两类寺庙布局的长处，主要建筑与附属建筑呈有序与无序混合分布，自然景观与人为景观混融交错，强烈体现着中国园林建筑师法自然的传统。沿着寺庙的纵横轴线，各类建筑错落有致地分布于庙中各个地方，与庙内人工所为的池、渠、林、园及庙外自然天成的山势、风光融为一体。在中国，园林式布局的寺庙为数不少，各具魅力，但条分缕析不外乎上述三种类型。

禅堂式是独具中国特色的一种佛教建筑布局。禅宗以“空无”为上乘境界，认为一切有相之物皆为虚妄，对言谈、文字、思想都不能执著名相，佛像、经堂、戒律、经典只不过是向导性的“方便法门”而已，并无实质意义。基于这种思想，怀海禅师创立了一套禅宗独行的寺庙布局方式，因其居于新吴百丈山，史称“百丈禅门规式”。其特点，一是“不立佛殿，唯树法堂”，一反以往佛寺以佛殿为主体建筑的做法，仅设法堂作为长老升堂主事和信徒听法受教的场所，寺庙建筑布局以法堂为中心。二是除长老居方丈室外，其余僧人尽入僧堂，不分年龄大小，不论资历深浅，一律同室安置，室内设长连床。这种僧堂建筑采用纵长排序而不是小型院落的布局方式。上述布局方式确使禅宗寺庙有别于他寺别院而独行当世。但这种不立佛像、不分等级的规式毕竟与传统信仰方式不合，最终还是摆脱不了佛殿、楼阁、佛塔、法堂同设并立的布局方式，只不过规模相对缩小而已。

喇嘛式布局是藏传佛教特有的一种布局类型。佛教密宗共有三大宗派：汉传唐密、日传东密和藏传藏密。虽然藏密（藏传佛教）也是中国佛教密宗的一个支派，但喇嘛寺却是印度密教与西藏当地民俗及文化相结合的产物，因此，中国喇

江华豸山寺

位于湖南江化的豸山寺从建筑风格上说，最为独特的地方是它具有儒、释、道三教合一的建筑格局，这样的格局在中国颇为少见。

嘛寺布局有自己的独立特点。布达拉宫就是此类布局的杰出作品。这种布局的出现与形成，一方面受西藏宗山建筑的启发（西藏地方政府一般设在山上，利于应急防守）；另一方面由于藏传佛教寺院的内容较多，建筑类型随之也变得较复杂。如除了供奉佛像的佛殿和讲习佛法的经堂外，还有保存活佛遗体的灵塔殿、转经廊、喇嘛塔、活佛公署、喇嘛住宅等。

傣族式建筑布局是在南传上座部佛教建筑中最常见到的一种布局类型。南传上座部佛教约在元明之际传入中国西南傣族居住区，并在德宏地区的德昂族、澜沧的布朗族、陇川的阿昌族极为流行，尤其是西双版纳和德宏州两个地区的傣族中兴盛起来。与傣族政教合一村社制度相应，佛寺组织系统与行政区划一致并分为若干等级。在召片领(最高行政领袖）宣慰府所在地设“洼龙”作为全西双版纳的总佛寺；在召勐（县、镇首领）所在地也各设

福州金山塔寺

福州金山塔寺位于福州西郊乌龙江心的一个小石埠上，因地形有限，金山塔寺没有高大崔巍的殿阁，但其小巧玲珑、佳景天成，在福建省的寺院中独具一格。

雍和宫

作为管理全国喇嘛教事务的中心，雍和宫又形成了融汉、满、蒙、藏等多种建筑艺术为一体的独特建筑风格。

一座“洼龙”来统领全勐佛寺；一般村寨也要设“洼”或“庄房”作为村寨佛寺。佛寺作为公共建筑，形体高大，装饰华丽，周围密植树木，有叠落的屋顶和高耸的塔刹，未到村寨便已见寺塔，成为村寨居民点的鲜明标志。寺庙的位置因地制宜没有定局：置于寨前的佛寺直对道路或建于路旁；置于村寨中心的佛寺须结合寨树（神树）布置，周围留出空地广场作为村民活动场所；地形有高下的村寨，佛寺则置于寨后高地上；仅供赕佛朝拜的单体佛寺则可坐落于离村寨较远且有幽静绿荫的地段上。南传佛教寺庙受村社风俗习惯影响很大：如佛寺对面及侧面不能盖民居，民居楼面不得超过佛像坐台台面，佛寺墓地不能在村头等。寺僧饮食由村民轮流供办，故寺内无香积厨；由于佛寺村村皆有，远地香客罕见，故寺内不设客房建筑。傣族居住区毗邻泰国与缅甸，其佛寺受两国佛教建筑影响：西双版纳受泰国影响较大，德宏州受缅甸影响较多，又因德宏与内地交通流畅，融会了汉地建筑艺术，形成了与西双版纳佛教寺庙建筑不同的布局风格。

中国汉地佛寺的布局有哪几种？

中国汉地佛寺的平面布局非常灵活，大体上可以概括为单体布局、组群布局和园林布局三类。

单体布局

单体式布局除了在佛教圣地中的茅庵、精舍、精室之中可以找到范例之外，中国汉传佛教寺院一般没有此种形制。

组群布局

历史上曾出现过多种组群布局形式，最早出现的是廊院式。这是一种受印度佛教寺院形式影响，并结合中国传统构图而形成的形制，即在每一个佛殿或佛塔的四周以廊屋围绕，形成独立院落，大型寺院可由很多廊院组成。据载，汉献帝时笮融在徐州所建寺院即是廊院式布局。东汉由于舍宅为寺的风气影响，寺院的最初形制为住宅式，“博敞弘丽，廊庑充溢”。魏晋南北朝塔庙普遍兴起之后，人为兴建的寺院保持了汉末塔庙布局的传统，以塔居中，前有寺门，后有佛殿。北魏洛阳永宁寺的布局可作为此时期塔庙的代表。永宁寺规模恢弘，平面方形，四面开门，中央耸立主体建筑。住宅式寺院与塔庙经过南北朝时期的搓磨融合，至唐以后向更为繁芜的形制发展。随着塔的中心地位的跌落，讲堂、佛殿、方丈室等主要建筑构成的多重对称院落成为寺院的核心，曾经雄峙一时的塔则成为附属物。据《关中创立戒坛图经》记载，唐时大寺动辄十数院之多，且以二、三层楼阁为全寺的中心，原来居于中心地位的木塔由重重叠叠的楼阁取而代之。廊院式寺庙中宽广的廊壁也为佛教壁画艺术提供了极为有利的场所，丰富了寺院建筑的艺术

寺院山门

山西太原崇善寺大悲殿

太原崇善寺既是佛教寺庙，又是皇家祖庙，位于山西省太原市东南角。相传，这座寺庙原是隋炀帝杨广的行宫。明代洪武十四年（1381），明太祖朱元璋第三子晋王为纪念其母后马皇后，在原寺基础上进行了扩建。据寺内所存的一幅明版崇善寺建筑全图来看，该寺所建之时，占地广达十四万平方米，有大殿六座，院落十八座，殿阁楼台、殿堂廊庑近千间。清朝该寺不幸失火，仅保留下大悲殿一组建筑。

表现力。廊院式寺院构图特色是向心的，对独院来讲可以形成强烈的艺术面貌，但对多院的组群布局则显得主题过于分散，不易形成统一构图，也不适于修建在较复杂的地形上，所以后来被纵轴式布局所代替。廊院式布局实例已无存留，仅在个别寺庙布局上存有痕迹，如明代太原崇善寺的布局。

纵轴式布局将各主要殿堂布置在一条轴线上，每个殿堂前左右各置一座配殿，形成三合或四合院落。这种排列有序的院落群可引导信徒有秩序、有层次地观赏全部寺院，以达到信仰的高潮。轴线上各进院落可以借助主体建筑造型不同、院落空间大小不同以及附属建筑不同来获得建筑艺术上的变化。较大的寺院还可以并列有两条或三条纵轴线，在侧轴部位可以建造塔院或花园、禅房等。每进院落根据地形高

低建立在不同的标高上，虽然平面布置是规整的，但实际建筑空间却丰富多变，每个寺院都可以形成自己的特色。所以这种类型成为中国佛寺中应用地域最广、时间最长的寺院类型。纵轴上的主要建筑大致为山门、天王殿、大雄宝殿、法堂，某些佛教寺院的藏经阁（楼）在最后。山门一般有“三门”：象征空门、无相门、无作门这“三解脱门”。殿内左右分塑二金刚力士守护佛法。山门后的天王殿，中供大肚弥勒，背塑韦陀，左右分列四大天王，东西南北各护一天。再后的

河北正定隆兴寺俯瞰图

隆兴寺现有面积 8.52 万平方米，平面呈长方形，布局和建筑保留了宋代的建筑风格，主要建筑分布在南北中轴线及其两侧。南面迎门为一座高大的一字琉璃照壁，自三路单孔石桥向北依次为天王殿、天觉六师殿（遗址）、摩尼殿、牌楼门戒坛、慈氏阁、转轮藏阁、康熙乾隆二御碑亭、大悲阁、御书楼和集庆阁、弥陀殿、龙泵牛亭，中轴线末端为 1959 年正定城内崇因寺迁来的毗卢殿。

大雄宝殿供奉本尊——释迦牟尼或其他诸佛，是整个寺庙的核心。殿内两侧多塑十八罗汉或二十诸天。法堂是演说佛法、皈戒集合之处。最后的藏经阁（楼）是珍藏佛经与

文物的地方。大雄宝殿两旁有东西配殿，东为伽蓝殿，供像三尊：波斯匿王（中）、祇陀太子（左）、给孤独长者（右），两侧常供十八伽蓝神守护寺院；西为祖师殿，专祀该宗奠基与功绩卓著的祖师。其他尚有斋堂、客堂、寝堂、延寿堂、库房、浴室等按照东内西外，即东边为僧侣寝居、西边为施主寝居的原则分布左右。在总的布局大体不变的情况下，个别寺院也常根据自己宗派、环境的需要而对部分殿堂配置加以调整，体现了中国传统建筑均而不僵、严而不死的灵活原则。河北正定隆兴寺是纵轴式布局的优秀实例，北京碧云寺是沿山区地形布置、纵轴式寺庙的佳作。

湖南长沙开福寺大悲殿

开福寺是中国佛教重点开放寺院之一，为禅宗临济宗杨岐派著名寺院，始建于五代时期，距今已有1000多年历史。该寺是一座典型的园林式寺院，环境幽雅，草木华滋，甚为静谧。

园林布局

园林布局可分城市型、山林型和综合型三类。城市型一般位于城市及近郊，寺外无园林环境，常有独立的寺园，园内以人工造景为主，其风格和构景特征与私家园林差异不大；山林型一般位于自然风景优美的山林村野，寺外具有园林环境或山林环境，以自然景观为主，辅以人工造景；综合型一般位于风景条件好、地形复杂的近郊，既有自然景观为主的构景，又有人工景观为主的构景，两种构景方式综合并用。

藏传佛教的建筑布局有什么特点？

藏传佛教，或称藏语系佛教，又称为喇嘛教，是指传入西藏的佛教分支。

在中国，藏传佛教又被称为“喇嘛教”，在西藏、内蒙古一带颇为流行。藏传佛教在公元7世纪传入西藏，此后，随着喇嘛教在西藏的发展，上层喇嘛逐步掌握地方政权，最后形成了独特的、政教合一的藏传佛教。藏传佛教有其独特性：其一，它只在特定区域传播，例如西藏、青海、内蒙古；其二，它是用藏语讲授、辩理、念诵的佛教，故称“藏语系佛教”。中国喇嘛寺的平面布局有四种情形：

一、藏族居住地区的小型喇嘛庙的平面布局与藏族民居相同，以方形四合式碉楼作为特征，中大型喇嘛庙的组群布局则分为匀称与不匀称两类。

二、有轴线贯穿的匀称布局的喇嘛庙，大多建于河谷山间的平缓地带，平面布局分为方形和圆形两种，主体建筑居中，附属建筑呈十字展开，或居四角，以合佛教五方四天之说，寺多起周墙，俨似城堡。西藏萨迦的萨迦寺与札囊的桑耶寺是此类布局的典型代表。

三、无明显轴线贯穿的不匀称

西藏寺院一角

布局的喇嘛庙多依山而建，以白色或其他色彩为主调的大小建筑循山顺势、错落重叠。

虽然此类寺庙在平面布局上并无统一规划，但由于建筑材料、色彩相同，主体建筑尺度夸大，装饰精彩繁杂，具有统一全局的作用，整个寺庙并不显得杂乱。西藏拉萨的布达拉宫是此类布局的杰出作品。这种布局的出现与形成，一方面受西藏宗山建筑的启发（西藏地方政府一般设在山上，利于应急防守）；一方面由于藏传佛教寺院的内容较多，建筑类型随之也较复杂。如除了供奉佛像的佛殿和讲习佛法的经堂外，还有保存活佛遗体的灵塔殿、转经廊、喇嘛塔、活佛公署、喇嘛住宅等。

青藏一带常见的白塔

四、汉族居住地区的喇嘛庙由于受到汉传佛教寺院的影响，布局颇与内地寺院类似，主要建筑置于中轴线之上，附属建筑匀称排列左右。

佛教寺庙的殿堂由哪些部分组成？

汉地佛寺以院落形式作为佛寺的布局，主要建筑在中轴线上，附属建筑则在中轴线两侧。

常见的佛寺殿堂有许多类型，包括三门殿、弥勒殿、钟楼、鼓楼、天王殿、大雄宝殿。除此之外，还有法堂、伽蓝殿、祖师殿、玉佛殿、三圣殿、药师殿、观音殿、三大士殿、念佛堂、罗汉堂、佛学苑、戒坛殿、藏经楼、方丈室、斋堂、放生池、如意寮、化身窑等。佛寺建筑的布局内容随着宗教礼仪、教义的不同以及其他因素的影响而各异，下面简要介绍其特征：

三门殿 亦名山门殿，因象征“三解脱门”而得名。门两旁塑两大金刚像，守护佛法。

弥勒殿 一般寺院将弥勒的真身塑像置于天王殿，而有的寺院将弥勒的化身塑像专供一处，即称此处为弥勒殿。上海龙华寺便设有弥勒殿。弥勒殿的建筑常为单檐歇山式或单檐庑殿式，殿两侧置有蹲立的石狮和石幢。

钟楼 位于天王殿左前侧，一般为三层飞檐歇山式或三檐庑殿式。击钟以召集僧众。因其供奉地藏菩萨，亦有称之为地藏殿的，一般地藏殿也设置于寺院的东边。

鼓楼 位于天王殿右前侧。一般为三层飞檐歇山式或三檐庑殿式。佛寺素有早撞钟、暮击鼓以报时之说。鼓楼中供奉关帝，其左胁侍为关平，右胁侍为周仓。也有供奉观音的。

天王殿 单檐歇山式或单檐庑殿式。一般而言，天王殿是三门内的第一重殿，有显正却邪的意义。正门左右两侧有石幢，左右前两侧有钟楼和鼓楼，殿中供奉弥勒的真身或化身，东西两房供奉四大天王像。

大雄宝殿 是佛寺的正殿，亦称大殿，日本称之为金堂。其建筑式样有重檐庑殿式或重檐歇山式等。大殿左右有石幢，大殿前有大香鼎，殿内正中供奉的一般是释迦牟尼像。佛像有各种不同姿势，主要有两种：一种为结跏趺坐，左手横置左足上，名为“定印”，表示禅定之意，右手直伸下垂，名为“触地印”；另一种是结跏趺坐，左手横置左足上，右手向上屈指作环形名为“说法印”，表示佛说法的姿势。除此之外，有的大殿中供奉的是三世佛，称横三世佛，即释迦牟尼佛、药师琉璃光佛、阿弥陀佛，其旁各有两位菩萨立像或坐像。有的大殿供奉毗卢遮那佛，有的供奉阿弥陀佛，有的大殿两侧供有二十诸天，有的大殿则于后两侧按古制供有十六罗汉。一般大殿供奉的佛像前会挂着欢门、长明灯、幡、金幢……正中一尊像头顶处为藻井，分外精美。

法堂 位于大雄宝殿后面。法堂是演说佛法和传戒集会的场所，平时常作佛事用，也有在其他殿堂进行这些活动的。

伽蓝殿 位于大殿东边，属配殿。殿正中供奉波斯匿王，左边供奉祇陀太子，而右边供奉给孤独长者，以表示崇敬。

祖师殿 位于大殿西侧，此种布局以禅宗寺院最常见，其他宗派亦仿效。殿正中是达摩禅师，左边为六祖禅师，右边为百丈怀海禅师，其他宗派的寺院再加祀本宗祖师像。

玉佛殿 供奉释迦牟尼玉佛之地，有的供奉于楼中，如上海玉佛寺中的玉佛楼；有的供奉于偏殿中，如上海龙华寺的玉佛殿，屋顶属硬山式。

三圣殿 为寺院重殿之一，常为重檐庑殿式或重檐歇山式。殿正中供奉阿弥陀佛，左胁侍为观世音菩萨，右胁侍为大势至菩萨，此三圣为“西方三圣”。三圣皆于莲花座上，幢幡都有莲花图案，甚至地上也刻有莲花图案。也有供奉“东方三圣”的，正中是药师佛，左右胁侍是日光普照菩萨和月光普照菩萨。

安徽三祖寺藏经阁

药师殿 俗称药王殿，供奉“东方三圣”。

观音殿 又名大悲坛，有的寺院将观音殿设于轴线上无量寿佛殿之后，屋面为歇山式。有的将观音殿置于偏殿，屋面为悬山式或硬山式。殿中供奉观音塑像，旁有童男童女。

三大士殿 供奉观世音菩萨、文殊师利菩萨、普贤菩萨的殿堂。设置此殿与宋、元以后民间对观音菩萨的敬仰与日俱增有关。

念佛堂 寺院僧众修持之处。如设有念佛堂，可在所供奉的佛像处念佛，如三圣殿。

罗汉堂 今北京碧云寺、成都宝光寺、苏州西园寺、汉阳归元寺、昆明筇竹寺等处，皆设置有五百罗汉堂。

佛学苑 是佛教寺院附设机构之一。

戒坛殿 位于中轴线东侧的僧众生活区，为传戒的场所。殿内供奉多尊佛像，正面莲花座上是释迦牟尼佛。殿前多有一门状小殿，内供优波离。

藏经楼 是珍藏佛经与文物之所。一般藏有三藏十二部经。

方丈室 佛寺长老及住持说法之处，亦称丈室、函丈、正堂、堂头等。

玉佛寺大雄宝殿

斋堂 供应素食的食堂。斋堂中央供奉一座佛龛。

放生池 一般放生池四周垂杨夹道，架着两座小石桥，池中心小岛上有一座朱红栏杆的凉亭，亭里石碑上刻“放生池”三字。

如意寮 寺院中医疗场所。

化身窑 俗称大葬场。

另外，殿堂内外陈设亦名目繁多，种类如下：

照壁 亦称“影壁”、“影墙”、“照墙”，即设于建筑物前或大门内的一道墙垣。或设于山门前，如苏州寒山寺；或隔路设于山门对面，如上海玉佛寺；或设于山门外必经之路上，如杭州灵隐寺。有的镌刻浮雕，如九龙壁、五龙壁、三龙壁，有的题寺名或诗词，有的书以“南无阿弥陀佛”。照壁可增加佛寺气势，显得敞朗宏伟。

牌坊 亦称牌楼。一种门洞式的用木或砖搭起的建筑物，有纪念和装饰作用。

石狮 成对置于山门或大殿两侧。

经幢 一种刻有佛的名字或经咒的石柱。现存经幢大多为唐至北宋的。

香炉 亦称宝鼎，是烧香器皿。一般置于天王殿、大雄宝殿前，也有供奉于佛像前的香炉。

梆 直形木鱼，中空，开饭时击之为号。常悬挂于大雄宝殿东庑廊下。

云板 亦称大板。云朵状金属板，上铸有字，击之报时。

云鼓 绘有云彩状的鼓，专报午斋之用。

台座 供奉佛像于上的台，常见有莲花座、金刚座、须弥座等。

光背 置于大雄宝殿主尊佛像背后，仿佛起着“反光镜”的作用，使“佛光”普照。一般多为近似椭圆的叶状，可细分为顶光、身光等层次。

宝盖 即华盖，罩于佛像之上，为平顶圆柱形伞状丝织物，也有以金属或木制成的。

欢门 挂置于佛像前的方形大幔帐，多以手工绣奇花异卉、珍禽瑞兽，以示尊重。

幡 悬挂于佛殿两侧或前方的长条形丝织或棉织物，以示敬意。上或绘狮、或绘龙、或绘莲花，也有书写经文的。

长明灯 亦称续明灯、无尽灯，常当空悬挂于佛像前或大殿中央，也置于庭院中间围以玻璃柜。

烛檠 即落地烛台。放置于佛像前香案两侧，精雕彩绘。

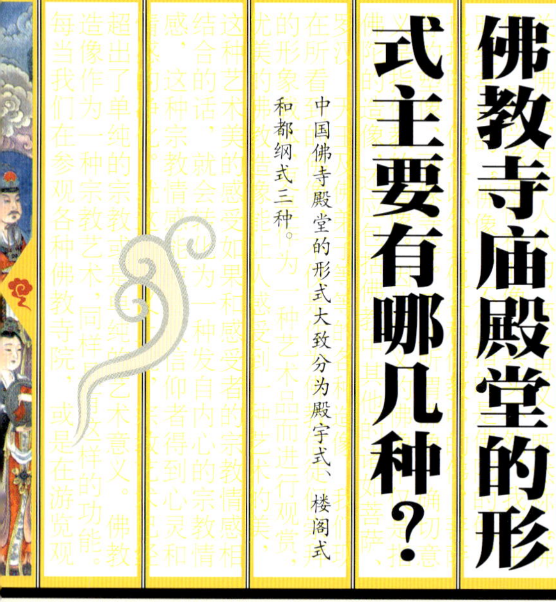

佛教寺庙殿堂的形式主要有哪几种？

中国佛寺殿堂的形式大致分为殿宇式、楼阁式和都纲式三种。

殿宇式的特色可概括为“上栋下宇”、“上尊而宇卑”，汉地寺院大都以方形作为空间隔定的惯常形式，以山形双坡作为空间封闭的原始顶式，一定的阶基与崇峻屋顶互相呼应，屋顶与台基之间的立面多以木质窗棂相间而成，鲜用封壁，左右两面山墙少有开墙辟门的习俗。

汉地寺院的屋顶，历代极受重视，其式样极为丰富，但基本形制保持不变。喇嘛庙则直接受到藏式建筑的影响，采用碉楼式建筑式样，以方形作为空间隔定的一般形式，以平顶作为空间封闭的常见顶式，以石为墙起楼，下宽上窄，四周开窗，正面建筑一般稍低，形似碉堡。流行于云南边境地区的小乘佛寺，普遍采用干栏式建筑式样，方形取空，山形双坡封顶，以竹木立柱起

北京白塔寺内景

雪中万年寺

架为楼，上为居室，下为杂屋。

楼阁式是由于冶铸、泥塑以及制漆技术的发展，可以建制形体高大的佛像，比如高大的毗卢遮那佛像、弥勒像、观音像，因而必须建造高大而中空的楼阁而形成的建筑式样。雍和宫的万福阁与东西两侧的永康阁、延绥阁用两座阁道连接，造型别致，别具匠心。

都纲式是藏传佛教所特有的佛殿形式，常见于西藏、青海、内蒙古，是佛殿与经堂结合的产物，殿内不仅供奉佛像，而且进行诵经、举行法事。

在汉地也有都纲式建筑，最为典型的就是九华山祈园寺。祈园寺采取的并非传统寺院的中轴形式，它最主要的建筑——大雄宝殿，建在高高的台阶上，这就是都纲式结构中的“都”，而周围的禅堂、僧寮、课堂等则是“纲”，从山门沿着台阶步步上升，也暗喻着僧人修行品位的提升。

佛教建筑结构中的木构架有什么特点？

抬梁式木构架最迟在春秋时代已经初步完备，后经过不断提高，产生一套完整的做法，广泛运用于中原汉式建筑之中。

抬梁式木构架是沿着房屋的进深方向在石础上立柱，柱上架梁，再在梁上重叠数层瓜柱和梁，最上层梁上立脊瓜柱，从而构成一组木构架。在平行的两组木构架之间用横向的枋联络柱的上端，并在各层梁头和脊瓜柱上安置若干与构架成直角的檩。这些檩上除排列椽子承载屋面重量以外，本身又将构架加以联系。这样由两组木构架形成的空间称为“间”。一座房屋通常由两三间乃至若干间组成，沿着面阔方向排列为长方形平面。除此之外，还广泛运用于三角、正方、五角、六角、八角、圆形、扇面、卍字等平面的建筑和多层楼阁的建造之中。

中国佛寺殿宇结构方式的核心即为木构架结构。汉传佛寺的建筑以抬梁式结构方式为主，通常以柱网作为基本手段。建筑的间数多少视其柱网的排列而定，一般多为奇数，单体建筑在唐代时以内外槽平面为最多。山西五台山佛光寺正殿的平面柱网由内外两圈柱组成，宋《营造法式》称为“金厢斗底槽”，内外柱同高，但柱径略有差别。金代山西朔县崇福寺观音殿采用“单槽”，河北蓟县独乐寺山门则采用“分心槽”。就面阔而言，佛光寺正

华严寺殿阁一角

殿均为5米上下，左右两进间略窄，这与唐代建筑各间间距使用同一尺度这一特点一致的。

五代平遥镇国寺大殿则和宋辽遗存的建筑一样，各间面阔从中央明间起向两端采取递减的方式。一般各间面阔的划分以明间最宽，约5至8米，次间次之，梢间最窄，中国佛寺殿堂完全遵循此原则。

辽代建筑保留了不少唐代结构的特点，如大同下华严寺薄伽教藏殿、蓟县独乐寺观音阁等都使用内外槽的柱网结构和明袱、草袱两套屋架，显然与佛光寺正殿外槽梁架具有一脉相承的关系。而多层建筑如观音阁，使用平坐暗层做法，应是唐代楼阁建筑的遗风。而某些具有殿堂和厅堂混合结构的建筑，如河北新城开善寺大殿、大同善化寺大殿、义县奉国寺大殿等，由于功能上的要求，内部采用彻上露明造，并将原来作为布置佛像空间的内槽后移，前部空间扩大，柱网突破了严格对称的布局，无疑是金代建筑的减柱、移柱法的前奏。金代寺庙反映了宋、辽建筑相互影响的结果，如朔县崇福寺弥陀殿和五台山佛光寺文殊殿、大同善化寺三圣殿等，都为适应功能需要而把内部柱子作了一定调整，因而使梁架的布置比辽代建筑更为灵活。如文殊殿、弥陀殿都减去内柱，在柱上使用了大跨度的横向复梁以承纵向的屋架，其中文殊殿的复梁竟长达面阔三间。后来，元代某些建筑则直接继承了金代这种灵活处理柱网和结构的传统。许多殿宇柱子排列灵活，往往与屋架不作对称的联系，而是用大内额，在大内额上排屋架，形成减柱、移柱的作法。明、清时期建筑木构架整体性加强了，再没

善化寺

善化寺的建筑风格代表了中国古代建筑的一种类型，以佛殿为主体，殿前置两阁：大雄宝殿坐在高台之上，前左为文殊阁，前右为普贤阁，周围有回廊。文殊阁及回廊现虽已无存，但寺院高低错落、主次分明、左右对称的布局仍清晰可见。

独乐寺山门

有金、元时期那种灵活处理空间和构件的方法，较为死板僵化。

斗拱是抬梁式木构架建筑特有的结构构件，由方形的斗、升和矩形的拱、斜的昂组成。它在结构上挑出承重，并将屋面的大面积荷载经斗拱传递到柱上，有一定的装饰作用，是屋顶和屋身立面上的过渡，也是建筑尺度重要的衡量标准。斗拱大体可分为外檐斗拱和内檐斗拱两类，从具体部位又分柱头铺作、补间铺作、转角铺作，另外还有平坐斗拱和支承在檩枋之间的斗拱等。佛光寺正殿的斗拱至迟产生于盛唐时期，因为据敦煌石窟中的初唐壁画，栌斗上已出跳水平拱，盛唐壁画则有双抄双下昂出跳的斗拱。补间铺作在初唐时期多用人字形，到盛唐其基本特点已形成，并对后来进一步发展完善起了很大作用。由于唐代柱头铺作与补间铺作在结构机能上不同，繁简各异，主次明确，再加上开间较窄，柱身较矮和斗拱雄大出檐深远，成为构成唐朝简洁雄浑建筑风格的因素之一。斗拱在唐代建筑中在室内结构上和形象上的作用尤为突出，发展到宋代可认为是已经成熟，如转角铺作已经完善；补间铺作和柱头铺作的尺度和形式已经统一，在结构上的作用也发挥得较为充分，内檐斗拱出现了上昂构件，规定了材的等级并把它和契作为建筑尺度的计量标准等。

辽、金继承了唐、宋的形制，

但又有若干变化，如在补间中使用45度、60度斜拱、斜昂等。元代以后斗拱尺度渐小，明、清时更小。由于斗拱结构机能发生变化，将梁外端做成巨大的耍头伸出斗拱外侧，直接承托挑檐檩，梁下的昂失去了原来的结构意义，而补间的昂也多数不延长到后侧，成为纯装饰性构件，因而斗拱比例可减小，排列也可从密。另外，明、清时期的楼阁建筑都将内柱直接升向二层，而去掉了辽、金楼阁建筑常见的上下层柱间的斗拱。这种结构方式在整体性上无疑具有更大优点，承德的大乘阁即为典例。斗拱之制因出抄出昂，单拱重拱、计心偷心而各有不同，不胜枚举。如河北蓟县独乐寺山门的双抄单拱偷心、山西大同下华严寺薄伽教藏殿与天津宝坻县广济寺三大士殿的双抄重拱计心、河北正定隆兴寺转轮藏殿平坐的三抄单拱计心与转轮藏的双抄三昂重拱计心、摩尼殿的单抄单昂偷心昂形耍头，大同下华严寺薄伽教藏殿、蓟县独乐寺山门、宝坻县广济寺三大士殿的补间铺作之下施矮柱、其下或更施驼峰……这都是中国佛寺殿堂斗拱处理的佳例。

独乐寺观音阁外景

佛塔最早的形式是什么样子？

中国古代建筑类型丰富，「塔」这种类型作为吸收外来形式和构架的成功范例，显著地反映了佛教建筑艺术在中国的演变及特点。

桑奇窣堵波

塔起源于印度，原为梵文Stupa，意译为坟冢。最初建塔是作为埋藏释迦牟尼佛的舍利之用。这种被称为“窣堵波”的藏舍利的土石台子是佛塔的起源，其形制由台座、覆钵、宝匣和相轮（又称刹竿或伞盖）四部分构成。后来，塔由埋藏佛舍利的建筑物渐渐变成一种宗教纪念建筑。从现存实例看，塔内保存或埋藏的东西除了舍利外，还有佛经、遗物等。《杂心论》中说：“有舍利名塔，无舍利名支提。”

古代印度建造窣堵波式佛塔的黄金时期是“阿育王时代”，建造了为佛经盛赞的“八万四千塔”，史称“阿育王塔”，佛寺建塔之风遂开。阿育王塔的原始形制不得而知，但从其基础上发展起来的西北印度犍陀罗式窣堵波的“覆钵式小塔”上可窥其一斑。

随着佛教的传入，“阿育王塔”或犍陀罗式窣堵波也被带到中国，并逐渐发展为三种类型：第一类是藏语系佛教寺院中的喇嘛塔；第二类是巴利语系佛教塔庙里的缅寺塔；第三类是在中国固有木结构楼阁建筑基础上衍生出的一种完全不同于窣堵波的汉语系佛教高层佛塔，中国佛塔早期的实例已见不到，可从现存的日本飞鸟和白凤时代的楼阁式木塔上了解其形制。

窣堵波和支提传入中国后均有很大变化。支提式的塔在印度原为

刻有纪念佛的石窟，窟内塔前有较大集会礼佛的场所，中国的石窟式即由此发展而来的，石窟内因小而无集合之地，需在其旁另建寺宇。窟内之塔发展成塔柱或中心塔，与支提在用途与形式上有很大变化。窣堵波式的塔传入中国后与僧院结合形成中国式的寺塔。

印度有一种毗诃罗石窟，在石窟中央设方形或长方形讲堂，在石窟的中窟后壁刻小型佛塔并造小室以为说法之用。在石窟正面和左右两面开凿许多小型石室，一室仅能容一僧，约合一丈见方的面积，“方丈室”的名称由此而来。在寺中建塔，设立僧房、讲堂、禅房等，而以塔这种埋有所谓佛骨舍利的建筑为主体，成为中国式的佛教寺院。

在汉代中国已确定了木构为主的建筑体系，并创造了楼阁、殿堂等有很高成就的建筑类型。为了突出塔的地位，古代建筑工匠将高楼与之结合，楼顶安设凌空挺拔的塔尖“刹”。此外，还有以古代传统的建筑形式“亭阁”为基础创造的“亭阁式塔”，结合的方法即于亭阁之上安设塔刹。塔的“地宫”，则是结合了古代墓葬创造的。从高层楼阁式塔和亭阁式塔又发展出密檐式塔、花塔等类型，结合中国的高台建筑、城关式建筑又创造了金刚宝座式塔、过街塔、门塔、台塔等形式，即使最为接近印度原来窣堵波的喇嘛塔，也被赋予了不少中国建筑艺术特色。

佛塔

两晋南北朝时期的佛塔有什么特点?

最早见于记载的佛寺是东汉永平十年(67)的洛阳白马寺，曾建有大型的方形木塔，塔位于寺的中心，四周廊庑围绕。

公元2世纪末，笮融在徐州建浮屠祠，金盘九重、重楼阁道，应是中国楼阁式木塔的萌芽。东汉至南北朝之间，佛教势力发展惊人，随着佛寺的兴建，佛塔的营造也变得极为普遍。

《洛阳伽蓝记》所记载的洛阳佛寺，标有寺名者59所，立佛塔者达17座之多。《法苑珠林》中记载，仅五台山就有1000多座塔。这种在南北朝数量最多、成为主流的木构楼阁式塔以洛阳永宁寺塔为代表。文献中除了关于塔的高度记录有差异以外，其余都大致相同。塔高9层，正方形，每面9间。每面有3门6窗，门漆成朱红色，门扉上有金环铺首及5行金钉，共用金钉5400枚。塔顶的刹上有金宝瓶，宝瓶下置金盘11重，四周悬挂金铎。又有铁镤四道，将刹系住在塔顶的四角上，镤上悬金铎。塔9层檐的四角也都悬金铎，上下共有120个金铎。这座塔在北魏永熙三年(534)被火焚毁，但从石窟内的塔心柱、各种浮雕和壁画以及北魏的9层石塔等建筑上，可以看出当时的木塔都建于相当高大的台基或须弥座上，这是自春秋战国至秦汉日渐盛行的“台”的运用，从敦煌第二至第七窟石壁上有关台的壁画来看，台很高，上设平座，有栏杆围绕，中央建塔，在宁夏银川市的海宝塔，依旧沿袭这种做法。

此时期佛塔的形制基本创立，绝大多数是木塔。四川什邡东汉残墓中发现的画像砖上有清晰可见的佛塔图案，其塔分别由塔基、塔额、塔刹三部分组成，基本上属于楼阁式式样，是佛塔定形确切无疑的证据。值得注意的是北魏中期出现了模仿木塔式样的石塔，对唐以后砖石塔的发展造成了一定影响。从平面上看，大多数塔采用正方形，正多边形则以登封境内的北魏嵩岳寺塔的十二边形为代表，山西省五台县佛光寺祖师塔为六边形亦属特例；从立面上看，佛塔的高台基、塔身装修的多样化、塔刹的运用和细部装饰的佛教题材成为此时期佛塔的明显特征。

河南登封县嵩岳寺塔建于北魏正光四年（523）是中国现存年代最早的砖塔，也是唯一的十二边形平面塔。除了塔刹部分用石雕以外，全部用灰黄色的砖砌成。该塔高约 39.5 米，底层直径约 10.6 米，内部空间直径约 5 米，壁体厚 2.5 米。塔身建于简朴的台基上，中部用挑出的砖叠涩将塔身划分为上下两段，而上段建于叠涩上，比下段稍大。在四个正面有贯通上下两段的门，门上在半圆形拱券上做成尖形券面装饰，下段其余八面都是光素的砖面，在上段塔身的这八个面上，各砌出一个单层方塔形的壁龛，龛座隐起壶门和狮子作装饰。同时又在上段塔身的角上砌出角柱，柱下有雕砖的莲瓣形柱础，柱头饰以砖雕的火焰和垂莲。塔身以上，用叠涩做成十五层密接的塔檐。塔顶的刹建在壮硕的覆莲上，以仰莲承受相轮，形制雄健，全部用石造。而塔的整体轮廓由和缓的曲线所组成，十分秀丽。

山西省五台县佛光寺祖师塔相传是创建佛光寺的住持和尚的墓塔。塔身为平面六角形，下层中空，正西面辟门。门洞为拱券式，门上作火焰形门楣，门内作六角形小室。门上用砖砌出单拱和小斗，斗上有莲瓣和叠涩构成的塔檐。檐上是束腰须弥式平座，上下雕仰覆莲瓣，转角处砌成瓶形矮柱，别致有趣。第二层塔身西面作假券门，门上亦作火焰形门楣，西南、西北两面刻假破子棂窗，各转角处依塔身雕成仿印度形制的束莲式倚柱。塔刹部分甚为简洁，在仰莲基座上安覆钵和宝珠。根据塔身形制及门楣、倚柱、莲瓣、塔刹等处制作手法判断，此塔应是北魏或北齐时期（420 ~ 577）遗物。

❀佛光寺祖师塔

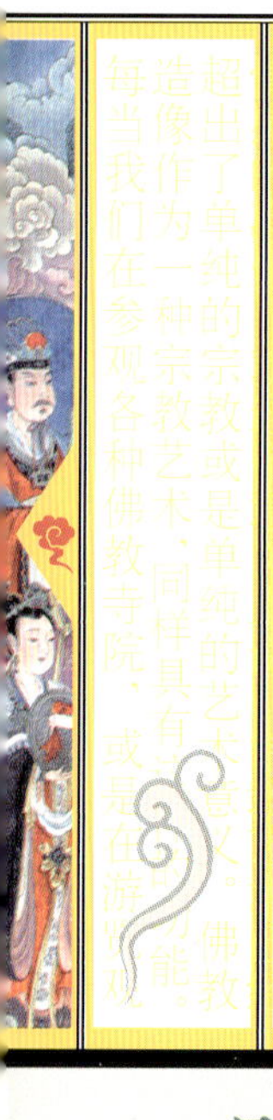

隋唐时期的佛塔有哪些特点？

如果说隋朝是佛教在北周灭佛后的恢复、提倡和开始兴盛时期，唐朝的佛教则进入了其极盛时期。

隋唐时期的佛塔继承了南北朝佛塔的形制，建塔的数量之多、规模之宏伟和分布地区的广泛性，是前代不可比拟的。唐末以后，五代十国割据时期世变无常，佛教大兴，南方修寺建塔的活动更为风行。

在南北朝时期，塔是佛寺组群中的主要建筑，但到了唐朝，塔已经不位于组群的中心了。尽管如此，它依然是佛寺的一个重要组成部分，它的挺拔高耸的姿态，对佛寺组群和城市轮廓面貌都起着一定的作用。隋、唐两代许多木塔现在都已经不存在。现在保存的砖塔，就其外形方面而言，大致可分为楼阁式塔、密檐式塔和单层塔三个类型。塔的平面，除了极少数的例外，全部都是正方形，而河南登封县净藏禅师塔为八角形平面形式提供了重要实证和线索。

隋、唐时期，砖的产量和用砖的结构技术达到一定的水平，随着材质的转变，出现了以砖石仿木构的楼阁式塔，特征表现为每层之间距离明显相当于楼层高度、塔身与塔檐等大都仿木构以及各楼层可供登临远眺等。在唐朝留下来的佛塔中，唐总章二年（669）建造的西安兴教寺玄奘塔是一个重要的范例，此外还有唐开耀元年（681）建造的西安香积寺塔和建于公元8世纪初期的有名的大雁塔。玄奘塔是中国佛教史上有名的高僧玄奘和

四门塔

尚的墓塔。这座塔平面方形，高五层，高度约21米。每层檐下都用砖做成简单的斗拱，斗拱上面，用斜角砌成的“牙子”，其上再加叠涩出檐。值得注意的是，斗拱作为木结构的主要特征，富有装饰意义，而玄奘塔是至今遗存最早的一座带有斗拱雕砌的佛塔。并且，第一层塔身经过后代修理已是平素的砖墙，没有倚柱，而以上四层则用砖砌成八角柱的一半的倚柱，再在倚柱上隐起额枋、斗拱。这座塔是中国现存楼阁式砖塔中年代最早和形制简练的代表作品。

长安玄奘墓塔

此塔在西安市南郊长安县杜曲之东少陵原畔的兴教寺内，始建于唐总章二年(669)，为玄奘法师埋骨处。到人和二年(828)，塔又彻底重修，才成为现在的形状。此塔不仅因为埋葬高僧玄奘而驰名，而且在建筑艺术和形式上，也是早期用砖砌仿木构楼阁式塔的典型代表作品。

西安香积寺塔平面呈方形。底层边长9.5米，用平素砖墙砌筑，东、西、北三面各有券形龛一个。南面辟门，内为方室。塔原为13层，现存10层。底层特高，其上各层骤然变低矮，宽度亦由下至上递减，每层四面皆有砖砌凸起的方形倚柱四根，划分为三开间，柱上施阑额一道，柱头及补间皆承栌斗一，其上为间有二道棱角牙子的叠涩出檐。各层当心间设券形龛，梢间有砖砌槏柱，中为朱绘的直棂窗，凸起的柱、槏柱、阑额亦施朱色，阑额中心部分留有一段段的空白，这些装饰处理显示出模拟木建筑楼阁的特征。

西安大雁塔的平面呈方形，原

崇圣寺三塔

为5层，改建时添为10层，现存7层，高64米。自第一层以上逐层内收，形如方锥体，非常稳固。塔内设木梯楼板，可以逐层上登，远眺四方。大雁塔造型简洁，气势雄伟，具有明显的时代风格，既是寺庙建筑艺术的杰作，也是研究中国古代建筑的珍贵实物。

密檐塔既适应于砖石结构的材料特性，又表现出佛塔多层级风格。

唐朝密檐塔的典型有云南大理崇圣寺的千寻塔、西安的小雁塔、河南嵩山的永泰寺塔和法王寺塔。千寻塔是现存唐代最高的砖塔之一，达16级，是中国级数最高的密檐式砖塔，它和位于其后的左右两座宋塔合成一组，显得格外引人注目。唐朝密檐塔和登封的嵩岳寺塔相比，除平面采用正方形这一差别外，多数只有朴素无饰但具有显著收分的塔身从扁矮的台基上建立，塔身以上是层层密叠的叠涩檐。

南京栖霞寺舍利塔建于五代的南唐时期，是一座八角5层、高约18米的小石塔。塔的整体构图为基座部分绕以栏杆，其上以覆莲、须弥座和仰莲承受塔身，而基座和须弥座被特别强调出来加以华丽的雕饰，这创造了密檐塔的新形式。

位于山东历城县柳埠镇的神通寺四门塔建于隋大业七年（611），

是一个全部用青石块砌成的单层塔，塔高约13米，平面作正方形，每边长7.38米，每面当中开一较小的拱门。塔内中央有一个石块砌成的方形大石柱，柱前每面各有一个圆雕佛像。塔的上部在挑出的石叠涩上，向内收成截头方锥形。顶部有方形须弥座，四角置山华蕉叶，中央安置一座雕刻精巧的刹。

唐朝留存下来的单层塔绝大多数是僧尼的墓塔。它们之中有石造的也有砖造的。平面一般都是正方形，但也有少数六角、八角或圆形。墓塔的体积都不大，一般高度在3～4米之内。其中河南登封县嵩山会善寺的净藏禅师塔、山西平顺县明惠大师塔以及山西运城泛舟禅师塔都是重要例证。净藏禅师塔建于唐天宝五年(746)，其八角形平面结构是现存此类结构砖塔最古的一例。塔身仿木构形式，每角有露出五面的八角形倚柱，柱上砌出额枋和斗拱及人字形补间铺作，墙上还隐起门和直棂窗。明惠大师塔建于唐乾符四年（877)，塔为单层方形，塔下有基座，上置须弥座以承塔身，塔身上雕刻天神及门窗，内部有平暗天花；塔身上覆以石雕的屋顶，顶上为四层雕刻组成的塔顶。

山西运城泛舟禅师塔

宋、辽、金时期的佛塔与唐代有什么变化？

宋、辽、金时期，佛教获得了较大发展，尤其是辽代，统治者也开始信奉佛教，所以佛寺与佛塔也得到了大规模的兴建。

宋、辽、金时期砖石塔留存很多，形式丰富，是中国砖石塔发展的高峰，木塔则以山西应县佛宫寺释迦塔为典型。这座木塔不但是世界上现存最高的木结构建筑之一，而且在当时技术条件下，塔的造型和结构达到了较高水平，反映了中国木构建筑取得的重大成就。

释迦塔建于辽清宁二年(1056)。塔位于佛宫寺的山门与大殿之间的中轴线上，保持南北朝时期佛寺平面布局的传统。塔平面八角形，高 9 层，其中有 4 个暗层，所以外部看来只是 5 层，再加最下层是重檐，共有 6 层檐。这座楼阁式木塔高达 67.3 米，底层直径 30.27 米，由于在各层屋檐上配以向外挑出的平座与走廊，以及攒尖的塔顶和造型优美而富有向上感的铁刹，显得雄壮华美。塔身木构架的柱网是采取内外两环柱的布局，五个明层的内环柱以内的内槽都供奉佛像，外槽为走廊，各层上下柱不直接贯通，而是上层柱插在下层柱头斗拱中，全塔所用斗拱共六十多种。这“内外槽”制度和“叉柱造”是唐、辽时期木结构建筑的重要特征。另外，释迦塔采用八角形平面和双层套筒式的结构，大大增强了塔的刚度。金代时又在暗层内增加许多梁柱斜撑，使四个暗层成为四个加固钢环，更加强了塔的整体性。总之，释迦塔是研究古代高层木构建筑结构和建筑形式的重要实物，其规模之宏大、结构之精巧、技术之纯熟，举世闻名。

宋、辽、金时期的大型砖石塔的结构大致可分为楼阁式和密檐式两种。楼阁式的砖石塔又可分为三类：一是塔身砖造，外围采用木构，外形和楼阁式木塔并无多大区别，宋代建造的苏州报恩寺塔及杭州六和塔基本属于此类型。二是塔全部用砖或石砌造，但外形完全模仿楼阁式木塔。苏州五代末至宋初建造的虎丘山云岩寺塔、内蒙古自治区的辽庆州白塔及福建泉州的宋开元寺双塔都是此时期的重要遗物。三是塔用砖或石砌造，模仿楼阁式木塔时适当加以简化。南方的塔大多数在塔内回廊中布置楼梯，而北方的塔楼梯则多位于塔心室内，这也许是地区做法的差别。

密檐塔盛行于北方。辽、金密檐塔大部分是八角形平面，也有一部分是方形的。造型上的特点是在台基上建须弥座，上置斗拱与平座，再上用莲瓣承托较高的塔身，塔身雕刻门窗及天神等，塔身上部用斗拱支承各层密檐，顶部用塔刹作结束。这种形式可从五代的南京栖霞寺塔以须弥座与莲瓣承托八角密檐塔溯其渊源，可见辽、金密檐塔的形式是在前代的基础上发展起来的。山西灵丘县觉山寺塔是一座保存较完好的辽代密檐塔。塔下有方形和八角形两层基座，上置须弥座两层，第二层须弥座上有斗拱及平座，平座以上用莲瓣三层承托塔身。塔身八角形，角上圆倚柱。上下部分的繁密衬托出塔身平整刚健的主体形象，塔檐轮廓具有和缓的卷刹，顶部用高刹结束，给人以安定优美的感觉。

从宋、辽、金时期的砖塔来看，材料、结构和施工技术上都有了极大发展。到了北宋中叶又发展了发券的方法，使塔心和外墙连成一体，提高了砖塔的坚实度和整体性。由于南北各地出现了大量模仿木结构的形式，因而比唐代的更为华丽。

佛宫寺释迦塔

辽代密檐塔在须弥座、柱、额、斗拱、门、窗等方面也模仿木结构的形式，辽末又在塔身额枋下面增加一列装饰性的“如意头”。这类密檐塔只见于黄河以北到辽宁、内蒙古一带。

金代对佛塔的装饰，已趋向过于繁复的程度，还出现了一种特殊的佛塔类型，即“花塔”，如河北正定县城的花塔是典型的金代佛塔形式。应该说这是辽代以来“多宝塔”形制的发展和演化。

元代以来的佛塔有什么特点？

元代的佛塔除增加了喇嘛塔这一新形式外，其他式样的塔虽仍有修建，但数量不多。

明清两代也大量建造喇嘛塔，高层的砖塔则多为楼阁式，密檐塔很少见。喇嘛塔的形象有点像敦煌石窟中出现的一种早期佛塔，同古印度的窣堵波比较接近，其座址、塔身的构成及材料的选用，有一定的特点。

元朝的喇嘛塔，常建于高耸的座址上，具有强烈的独立性。北京西城妙应寺白塔是重要实例。在喇嘛塔的构成中，塔基和塔刹在显示高耸雄伟方面起着关键的作用。因为塔身都是形状几何形的覆钵体，尽管后来逐渐趋于瘦高，但终因只有单层，而不可能达到更大的高度。塔基的平面是由正方形发展而来的，形成“四出轩”，现称“十字形”。其他平面形式如八角形、圆形，常见于西南边陲地区。就塔身而言，早期覆钵体较为平矮，显得肥大、丰满。明末以后，上至下逐渐收分，是一个倒置的圆锥体，并于腰位饰有被称为“眼光门”的火焰形券龛。

山西洪洞县广胜上寺飞虹塔建于明正德十年至嘉靖六年(1515～1527)，是一座典型的明代楼阁式砖塔。塔八角，外观十三层，高47.63米，外壁用各色琉璃装饰。琉璃制的栏杆、天神、动物、斗拱等都极为细致华丽，是明代琉璃技术水平的重要标志。

佛塔中的另一种类型为金刚宝座塔，虽在敦煌石窟隋代壁画中已经出现，但最早的实物却见于明代。这种塔的基本体型源于印度，到中国后有很大变化，特别是在装饰中掺入大量喇嘛教的题材和风格。北京的大正觉寺金刚宝座塔是这类塔中最早的实物，建于明成化九年(1473)，宝座方形、石造、遍刻天王、狮子、孔雀及喇嘛教“八宝”，图案组织和谐，刻工精致。宝座上建五座密檐方形石塔和一个圆顶小殿。塔身也有与宝座类似的雕刻。北京西黄寺清净化城塔是金刚宝座塔中的另一种式样，建于清乾隆四十七年(1782)。此塔基座较矮，共2层，座上正中建一高大的石喇嘛塔，四隅配以4座八角小石塔，小塔上遍刻经文。第1层基座前后各有1座石牌坊，整个塔群雕刻不多,以多变的体型形成了华丽的风格。

云南傣族的佛塔群也是明、清时期一种重要的佛塔建筑形式。位于潞西县风平的大佛殿重建于清雍正三年（1725），其中有两座典型的傣族佛塔——熊金塔、曼珠曼塔。塔下有复杂的亚字形基座，塔身比例修长，周围以小塔和怪兽陪衬。多变的轮廓和丰富的雕饰，使这种形式的佛塔显得异常美丽夺目。由于傣族集居地区与缅甸接壤，所以这种塔群和缅甸塔具有类似的风格。

明、清时期，藏族和蒙古族的喇嘛教建筑在元代的基础上进一步发展。塔的形制随着教派的改变，已与元朝有所不同。塔身下以方涩数层代替莲瓣，塔身和十三天的比例皆为瘦高，宝盖以上不用宝瓶而累叠月盘、日盘和宝珠。塔在寺院中，以其高耸的形象成为突出的标志。西藏江孜白居寺班根塔建于公元15世纪初，下面的基座做成佛寺的门廊形式，层叠而上，上面安放塔身。沿塔的外壁设置许多小佛龛在喇嘛塔中，造型较为特殊。

广胜上寺飞虹塔

佛塔的主体结构可以分为哪几个部分？

中国古塔的建筑构造，广泛使用了木、砖、石、铁、铜、金、银、琉璃、玉、陶、瓷等多种建筑材料，许多古塔，就材质而言，往往不止一种。

由于材料不同，各类古塔的结构方法便有所不同。例如，用木材修建的木塔，其结构方法即与木结构的宫殿、寺观、楼阁建筑等相同，是用传统的梁柱或穿斗式构架和椽子、望板、檐、顶等构件组成；用砖石材料建造的塔，则用垒砌、法券、叠涩等方法修建；至于各种金属塔，也和其他金属铸造物一样，采用雕模制范的方法铸造而成。然而，无论建筑材料和修造方法有多少不同，作为同一种建筑类型，各种塔的基本结构却是大体相同的。如果把一些小型的塔排除在外的话，一般古塔的主体结构可以分为四大部分。

隐秘的地宫

佛塔的地宫，是中国古代建筑中极为特殊的一部分，既不为印度佛塔所有，也不见于中国古代的宫殿、坛庙和楼阁等建筑，可以说是佛塔的专有结构。为什么要在地面上的塔体之下再设置地宫呢？分析起来，这应该是中国古代建筑师们将印度的舍利塔与中土原有的丧葬传统巧妙结合的产物。前已述及，塔在印度虽为埋藏舍利之用，但舍利并不入地，而只是藏于塔内。这种做法，对热衷于土葬，讲究入土为安、深埋深藏的中土人士来说，

圆觉寺砖塔

不免有几分不习惯。所以，当塔传入中国后，原来供奉于塔内的佛舍利便被移入地下，产生了符合中国传统丧葬观念的地宫。它的象征意义，与中国古代帝王陵寝中放置棺椁的地宫非常相似，但就其规模而言，塔的地宫当然远远不如帝王陵寝，地宫内的物品也少得多。一般说来，地宫内除了盛放舍利的石函、金银、木制棺椁之外，还有一些经书和其他物品。地宫的形式往往与塔身的形式相一致，呈方形、六角形、八角形或圆形。地宫一般都用砖石砌成，大都埋入地面之下，也有个别的是半入地下或置于塔内。

坚实的塔基

塔基是整个塔的下部基础，覆盖在地宫之上。早期的塔基，一般都只有数十厘米，比较低矮。例如现存的两座唐代之前建成的塔——北魏嵩岳寺塔和隋代历城四门塔的塔基，都非常低矮，而且都是用素平砖石砌成，比较简单。有的塔基仅有一二十厘米，很不明显，甚至由于年久而残缺。例如西安兴教寺的玄奘塔就根本看不到塔基，以至于被误认为是塔从地出。在唐代，为了使塔更显高耸，有的塔便在塔的下部又建起了高大的基台，例如西安的大雁塔和小雁塔。不光楼阁式塔如是处理，一些亭阁式塔的塔基，在唐代也发展成有高大的基座，例如山西安邑泛舟禅师塔、济南历城神通寺龙虎塔等。

多姿的塔身

塔身是塔结构的主体。由于塔的建筑类型不同，塔身的形式便也多姿多彩。

木楼层塔身，这是木造楼阁式塔的结构形式。木造楼阁式塔盛行于汉末、魏、晋、南北朝，多是四方形塔，它们的塔身构造情况，因实物不存，只能从文献记载和日本现存的木塔中了解四方形木塔的情况。现存的唯一实物是应县木塔，塔身的结构情况，外观五层檐，每层出平座，而内部则有五个平座暗层，实有九层的楼层结构。

砖壁木楼层塔身，此种塔身的砖体内部好似一个空筒，因此也有称之为空筒式塔身的。早期的楼阁式或密檐式砖塔，大多是这种结构。楼阁式砖石塔的楼层大都与门窗位置和外部塔檐的位置相一致，而且能登临眺览，如西安大雁塔、浙江临安功臣塔、江苏罗汉院双塔等。密檐式塔的楼层一般与门窗或外檐的位置并不相一致，因为密檐式塔自一层以上塔檐密接，相距已不够一个楼层的高度，不可能达到一致。

苏州瑞光塔

如嵩岳寺塔、小雁塔、大理崇圣寺千寻塔等。

木中心柱塔身，早期的木塔，多用中心柱作为塔身的骨干，结构方法是以巨大木柱自塔顶贯通全塔直入地内，在历史文献上累有记载。日本现存木塔中的法隆寺五重塔即是这种中心柱的结构。中心塔柱的结构方法对于塔的稳定更为有利。在中国现存实物中，仅河北正定天宁寺塔尚存这种结构方式。因为此塔为一半木构，塔柱只达于上半段，未能直下塔底，但也可看出中心塔柱的结构情况，是极为珍贵的实例。

砖木混砌塔身是从木结构塔转化为纯砖石塔的过程中的一种结构方式，即塔身用砖砌，塔檐、平座、栏杆等部分均为木结构，塔的砌墙内也砌入木梁、木枋，并挑出角梁和挑檐。此种结构在宋塔中极为普通，如上海松江方塔、杭州六和塔、苏州瑞光塔、北寺塔等。

砖石塔心柱塔身，这种塔身的结构是中国古代砖石结构发展到高峰的实物，在塔的主体结构上完全摆脱了以木材作为辅助构件的结构方法。塔身全部用砖砌造，楼梯、楼板、回廊、塔檐等全部用砖石砌成一个整体，结构十分复杂。塔的中心是一个自顶至底的大砖石柱子，每一楼层的楼板均为内柱与外壁横向联系的构件，使中心柱与外壁结为一体。楼层的砌法有拱券和叠涩两种。塔心柱外有回廊。这种结构的楼梯有两种形式，一种是沿塔心柱的外壁转折上登，这种形式每层均有塔心室。另一种是穿过塔心柱反复转折上登。前者如河南开封佑国寺塔、四川乐山凌云寺塔、陕西扶风法门寺塔等。后者如四川大足宝顶山塔、河北定县开元寺料敌塔、景县舍利塔等。这些塔大多是宋、明时期的，在砖石结构技术上都达到了相当高的水平。

高台塔身，金刚宝座塔的宝座实际上即是塔身，砌作高大的台子，从台子的内部砌砖石梯子盘旋登上。北京真觉寺金刚宝座的内部有塔心柱，在塔心柱周围有回廊，回廊上用拱券顶，其上砌作平台分建小塔。北京碧云寺塔、内蒙古慈灯寺金刚宝座塔，都是这种做法。还有从座子外面登上顶的，如北京西黄寺清净化域塔、五台圆照寺金刚宝座塔等，它们的座子比较低矮。

其他形式的塔身也有，如喇嘛塔的塔身是一个圆形覆钵，为砖石平砌，明、清时期，在圆肚的正面开始设置焰光门，形如小龛。有的圆形覆钵内还加砌木构架以增强稳固性。此外，还有以覆钵与楼阁结合的塔身，在覆钵之上置以高层楼阁；又有圆筒塔身等，塔身形式丰富多样。

精巧的塔刹

塔刹是塔的顶子。任何一个塔，在塔身之上都要安设一个顶子。顶子有尖的，有圆的，有用砖石砌成的，有用金属制作的，形式多样。塔刹作为塔的最为崇高的部分，冠盖全塔，至为重要，因此用了“刹”这个字。刹的意思是土田，代表国土，也称之为佛国。因此，佛寺也称作刹。从建筑艺术上讲，塔刹也是全塔艺术处理的顶峰，是冠盖全塔的形象，所以建造者对塔刹这部分往往给以非常突出和精密的艺术处理，使之高插云天，玲珑挺拔。

金顶鎏金塔刹

佛塔按照结构可以分成哪些种类？

塔自从传入中国之后，结合原有建筑的结构与艺术造型，创造出了许多种新形式，成为中国古代建筑中重要的组成部分。

佛塔种类繁多，分类方式也多种多样，按照塔的结构及造型、平面、层级、材质、用途等几种分类方式均可以进行分类，如果按照塔的结构及造型分类，可以将塔分为亭阁式塔、楼阁式塔、密檐式塔、喇嘛塔、金刚宝座塔、傣族塔、花塔、过街式塔与门式塔和群塔。

亭阁式塔又有什么特点呢？

这种形式的塔是印度窣堵波与中国传统建筑中的亭阁相结合的产物。它常指塔檐仅一层的单层塔，大多建于隋、唐时期，唐代尤多。现存单层塔通常都是僧尼的墓塔。塔的平面以正方形居多，六角、八角和圆形也有，在建筑材料上有石造、砖砌。

中国著名的亭阁式塔（单层塔），除了山西五台山佛光寺祖师塔、山东历城神通寺四门塔、河南登封嵩山会善寺的净藏禅师塔，以及山西平顺明惠大师塔以外，还有山西运城泛舟禅师塔、山东历城神通寺四门塔旁的龙虎塔和九顶塔、河南安阳修定寺塔等。

山西运城泛舟禅师塔建于唐德宗贞元九年(793)，平面圆形，极为少见。全高约10米，立面造型独具匠心。台基高约4米，基座被做成须弥座形式，其下面圭脚逐圈放大为一

法门寺砖塔

斜坡，与台基衔接自然。基座的束腰方整，为蜀柱分隔成许多小龛，很有阴影效果。塔身正向辟一方门，其他六面雕饰棂窗。檐口顶部砌成反叠涩，承托顶刹，比例协调，装饰性突出。该塔整体形象达到很高的艺术水平。山东历城神通寺四门塔旁的龙虎塔和九顶塔造型别具一格。龙虎塔因塔门上雕有龙虎而得名。塔高 10.8 米，石砌三层须弥座塔基，上有覆莲、狮子、伎乐等精致浮雕。塔身由四块长方形石板筑成，每面辟火焰形券门，上部雕龙、虎、佛、菩萨、力士、伎乐、飞天等。室内有方形塔心柱，每面雕有一尊佛像。塔顶为砖砌，重檐，顶置覆盆相轮塔刹。九顶塔始建于唐，单层八角，其塔顶与众不同，有 9 座小塔，故名九顶塔。塔身用水磨砖对缝砌筑，十分细腻。塔身之上每角均筑高 2.84 米的三层叠涩挑檐方形小塔一座，八个角八座，加上正中一座高达 5.3 米小塔，共计 9 座。九顶塔有一定方向性，正向朝南，顶部中央的小塔塔门南向，四周 8 座小塔塔门则都朝外，开向 8 个方向。

河南安阳修定寺塔是一座极具研究价值的唐代砖浮雕舍利塔。塔高 9.3 米，单层正方形，每边宽 8.3 米，塔四周外壁全部用雕砖嵌砌。塔外壁的雕砖与内层砖均采用榫卯相套和相互嵌制的方法衔接，砖雕面积达 300 平方米，图案有力士、乐伎、飞天、滚龙、飞雁、帐幔、花卉以及仿木建筑结构的斗拱等达 30 多种，形象生动，技艺精湛。就艺术价值而言，此塔从布局到工艺皆独具匠心，是中国古塔中的精华之作。

一般而言，唐代亭阁式塔雕饰不多，以上三个实例为特例，比较少见。

山东历城神通寺龙虎塔

阁楼式塔有什么特点？

在所有佛塔中，阁楼式塔为数众多、历史最久，形式也更为壮观。

阁楼式塔从木塔起源，逐渐向砖石方面发展，千姿百态。从平面形式分，有正方、六角、八角以及十二角等多种形体。依建筑材料而言，可分为楼阁式木塔、楼阁式砖塔、楼阁式石塔、楼阁式琉璃塔、楼阁式金属塔等。

早期楼阁式塔的实物已经找不到了，但还保留了一些石刻楼阁式塔的形象可供参考。如山西大同云冈石窟中第一、二窟和第二十一窟的塔柱，即是当时楼阁式塔的缩影。唐代以后的砖石楼阁式塔，实物则非常多。

楼阁式木塔

这种塔起源于东汉末年，盛行于南北朝，是中国最早兴起的楼阁式塔。北魏杨衒之《洛阳伽蓝记》详细描述了洛阳永宁寺的木塔，反映了它当年的非凡气势。隋、唐时代的木塔已不复存在，现存最古最大的是山西应县佛宫寺的释迦塔，亦称应县木塔。

楼阁式砖塔

这种形式的塔数量最多、技艺水平最高，是中国塔的一个主流，著名的楼阁式砖塔除西安兴教寺玄奘塔、香积寺塔、大雁塔外，还有：宁夏银川海宝塔、浙江杭州六和塔、苏州虎丘塔、北寺塔、内蒙古自治区庆州白塔、山东长清灵岩寺辟支塔、河北定县开元寺塔、内蒙古呼和浩特万部华严经塔、宁夏银川承天寺塔、上海松江方塔、上海龙华

万部华严经塔

塔、杭州保俶塔、安徽安庆振风塔、河南开封繁塔、浙江天台山国清寺隋塔等。其他闻名于世的尚有江苏常熟崇教兴福寺方塔、江苏淮安县文通塔、江苏无锡梅园梅塔、江苏南通五福寺塔、江西南昌猪市街绳金塔、山东长清辟支塔、山西太谷无边寺塔、广东潮州凤凰塔、广东肇庆崇禧塔、安徽潜山觉寂塔、浙江海宁镇海塔等。

楼阁式石塔

据史书记载，在北魏中期开凿的一些石窟里，就已出现石工模仿木结构的楼阁式塔刻制的石塔。位于山西朔县崇福寺内的小石塔，制作于北魏天安二年（467），是中国现存较为古老的石塔。现存楼阁式石塔数福建最多，多建于南宋时期。如建于福建省福清县瑞云寺的瑞云石塔，用雕琢精致的花岗石砌筑，仿木构，八角七层，高达30多米，享有美誉。全国比较著名的石塔，除南京栖霞寺舍利塔外，有浙江杭州灵隐寺石塔、泉州开元寺双塔、福建榕城双塔、福建晋江六胜塔等，其他闻名的有浙江杭州西湖华严经石塔、杭州闸口白塔、陕西户县东南草堂寺的八宝玉石塔、山西平顺县大云寺石塔、江苏扬州古木兰院石塔、江苏无锡宛山塔、湖北武汉石榴花塔、湖北黄冈县青云塔、辽宁锦西县石塔、福建福州闽江金山石塔、福建莆田释迦文佛塔、福建仙游龙华双石塔、福建长乐三峰寺塔等。

楼阁式琉璃塔

一些楼阁式塔外表涂以琉璃，使之瑰丽夺目。琉璃是中国具有民族风格的传统高级装饰材料，常见的有黄、绿、蓝、白等色泽，是在陶制品表层加涂富有光泽的釉质经煅烧而成，可防止风化、粉蚀。中国著名的楼阁式琉璃塔有南京报恩寺琉璃塔、河南开封开宝寺琉璃塔、山西洪洞广胜寺飞虹塔、河北承德须弥福寿之庙万寿塔等，还有山西阳城海会寺琉璃双塔、北京颐和园后山琉璃多宝塔、北京西山灵光寺佛牙舍利塔等。

楼阁式金属塔

中国在南北朝时期便开始以金属材料装饰佛塔，塔刹上的铁链、金盘、檐角、链上的金铎和门上的金钉均由金属铸成。到隋、唐时期，用铁、铜等金属铸造的塔开始出现，并与日俱增。全国著名的金属塔有广州光孝寺东西塔、湖北当阳玉泉寺铁塔、山东济宁铁塔寺铁塔、江苏镇江甘露寺铁塔、山西五台山显通寺铜塔等。

密檐式塔有什么特点？

密檐式塔一般是实心建筑，不能登临，造型比较划一。

密檐式塔的特点是下部一般均建有须弥座，底层塔身较高，以上各层较低，不设门窗，即便有也只是通风小孔。以砖石结构为多，隋、唐时多为正方形平面，辽、金时八角形平面逐渐替代正方形平面，明、清则很少建密檐塔。

密檐塔在中国北方比较多见，以辽宁省分布较为密集。陕西、河北、河南、四川等省也有二十余座较为突出并具有一定历史价值的塔。全国著名的密檐式塔有：河南登封嵩岳寺塔、云南大理三塔、陕西西安小雁塔、河南登封法王寺塔和永泰寺塔、南京栖霞寺塔、山西灵丘县觉山寺塔、北京广安门天宁寺塔、北京房山云居寺塔、山西浑源圆觉寺塔、内蒙古宁城大明塔、陕西泾阳崇文塔等，还有辽宁辽阳白塔、辽宁北镇崇兴寺双塔、辽宁兴城白塔、陕西扶风法门寺塔、陕西长安香积寺善导塔、河北正定澄灵塔、河南沁阳天宁寺三圣塔、四川成都宝光寺塔、四川大足多宝塔、天津蓟县古佛舍利塔、河北涞水金山寺千佛舍利塔，宁夏银川拜寺口双塔等较为著名的密檐式塔。下面详述除前文提及的河南登封嵩岳寺塔、云南大理三塔、南京栖霞寺塔、山西灵丘觉山寺塔等几个全国著名的实例。

陕西西安小雁塔，是唐代著名佛寺荐福寺的佛塔。该塔建于唐中宗景龙元年（707），是为保存佛教大师义净从印度带回的佛经、佛像而建。塔高 43.3 米，原为 15 层，现为 13 层，最上两层已震坍。塔平面为正方形，底层边长 11 米，底层特别高，以上逐层递减，呈现出秀丽舒畅的卷刹轮廓。南北各开门，在底层青石门楣上，布满唐代线刻天人供养图像与蔓草花纹，画法雕刻极工，为珍贵历史遗产。塔壁不设柱额，每层砖砌叠涩出檐。整座塔玲珑秀气，别具风采。

河南登封法王寺塔，位于嵩山玉柱峰下，塔高 40 余米，平面方形，密檐十五层，塔身下部略高瘦，塔身砌成平直壁面，塔檐从叠涩层层挑出。塔刹较短，塔下部有半圆券，以上各层也相仿开半圆券窗。整个塔的体型颇具唐风，既秀美又挺拔。永泰寺塔位于登封县太空山西麓，其名与纪念永泰公主入寺为尼相关。塔亦为唐塔，高 20 余米，平面方形，叠涩密檐十一层，砖造。

北京广安门天宁寺塔，始建于辽代，重修于明初，塔总高 57.8 米，平面呈八角形，密檐十三层，为实心砖塔，建于方形平台之上，塔下部是须弥座，有壶门浮雕的束腰一道，上面是具有斗拱勾栏的平座和两层仰莲瓣，上立塔身。塔身四面有拱券假门，门旁有金刚力士、菩萨等雕像。出檐不远，檐下有斗拱，塔刹为宝珠形。整座塔造型奇丽而挺拔。

北京房山云居寺塔，位于房山县云居寺内。云居寺为隋代幽州智泉寺僧静琬所建，他刻造的石经上万块，都被埋在寺南穴内。辽代时于穴旁筑塔，穴南塔称南塔，穴北塔称北塔，亦分别称为压经塔和罗汉塔。现仅存北塔及四隅的小石塔。北塔高 30 米，塔身两层、锥形顶。其附近还保存有唐、辽石塔及辽砖塔共六座，与其他经幢、石碑相呼应，构成了一处事佛的胜地。

山西浑源圆觉寺塔，位于浑源县城内，俗名小寺，寺宇已毁，寺塔独存。始建于金，明代重修，为九层密檐式砖塔，平面呈八角形，砖刻门窗均仿木结构式样。塔刹顶端有一铁制“候鸟”，可随风旋转，具风标作用。

潭柘寺塔林内的辽代九级密檐砖塔

喇嘛教的喇嘛塔有什么特点？

喇嘛塔是喇嘛教的一种独特的建筑形式，与印度「窣堵波」很相近。

喇嘛塔主要特点是：台基与塔刹造型讲究，一个高大基座上安置一个巨大的圆形塔肚，其上竖立一根长长的塔顶，塔顶上刻成许多圆轮，再安置华盖和仰月宝珠。全国著名的喇嘛塔中除了前文介绍的西藏江孜自居寺菩提塔外，有北京妙应寺白塔、五台山塔院寺大白塔、青海湟中太平塔和如意宝塔、内蒙古呼和浩特席力图召双耳喇嘛塔、北京北海白塔、江苏镇江昭关石塔等。

北京妙应寺白塔，建于至元八年（1271），为元世祖忽必烈请尼泊尔工匠阿尼哥设计的。白塔为中国现存最古、最优美的喇嘛塔。台基呈“亚”字形，高达 9 米，甚为巍峨庄严。台基上建有须弥座两重，以硕大莲瓣承托 50 多米高的塔身，塔身由一个圆形的白垩色覆钵和相轮（十三天）组成。相轮以上是青铜宝盖和流苏，宝盖直径达 9.7 米，顶上原有一个宝瓶，现换成一个小喇嘛塔，高近 5 米。该塔为喇嘛塔中的杰作。

五台山塔院寺大白塔，是五台山的标志。建于明万历年间，塔高达 63 米，周围宽达 75 米，塔的基座为方形，顶端 20 多米高的覆盘上托起一只风磨铜大宝瓶，高约 5 米。塔刹、覆盘、宝珠全为铜铸，塔腰及覆盘四周各悬风铎，计 252 枚，风来叮当作响，妙韵无穷。

青海湟中太平塔和如意宝塔，位于塔尔寺内，塔尔寺为西北地区

香格里拉白塔

佛教活动中心。寺内有如意宝塔、太平塔、过门塔、菩萨塔。如意宝塔并排8座，列成一行，造型大同小异，布局十分奇持。塔高约6米，塔身白灰抹面，腰部装饰有经文，每座塔的塔身南面有一个佛龛。这八座宝塔建于清乾隆四十一年，是为了纪念佛祖释迦牟尼八件大事而建。太平塔即在八宝如意塔的东边，身宽体庄，塔刹呈宝珠仰日状，显得金碧辉煌。

北海白塔

北京北海白塔，建于清初顺治年间，在元代广寒殿的旧址上营建，后经数次修缮。高35.9米，皆采用砖石木结构。由塔基、塔身和宝顶三部分组成。塔基的砖石为须弥座，座上有三层圆台，中部为圆形塔肚，上部为相轮，顶部为鎏金宝顶，分别称为天盘、地盘、日、月、火焰。宝顶缩腰处有动物及花草图案，塔身南面称“眼光门”，又称“时轮金刚门”。塔身有306个通风口，塔内有一根通天柱，高达9丈，柱顶上放一金盒，盒内放两粒“舍利”。

江苏镇江昭关石塔，位于镇江西云台山北麓，北临长江，建于明末清初。塔的下半部用块石垒砌成四根石柱，顶部铺满条石，筑成一个框架形的台座，下面可以通行人马。此塔横卧于街中间，平添不少雅趣。塔高4.69米，塔座、塔身、塔顶皆用青石雕刻建成。塔座用两个相同的须弥座叠成，须弥座上为覆莲圆座和扁鼓形塔身，再上有十三圈带形浮雕，象征十三层天，上置法轮和圆形仰莲小座，轮上刻有“八宝”，其上便是塔顶。

金刚宝座塔有什么特点？

金刚宝座塔为佛塔中的一个分支。塔的形式一般是在高大的台基座上建筑五座密檐方形石塔和一个圆顶小佛殿。

虽然金刚宝座塔在敦煌石窟的隋代壁画中已经出现，然而最早的实物却始见于明代。中国式的金刚宝座塔比印度提高了塔基座，缩小了基座上的小塔，增加了传统的琉璃亭，尤其在塔座和塔身的装饰雕刻中，掺入大量喇嘛教的题材和风格。中国仅存五座这种塔：北京大正觉寺金刚宝座塔、北京西黄寺清净化城塔、北京碧云寺金刚宝座塔、内蒙古呼和浩特金刚座舍利宝塔以及昆明官渡金刚塔。

北京大正觉寺金刚宝座塔和北京西黄寺清净化城塔前文已介绍，现将另三个加以叙述。北京碧云寺金刚宝座塔，位于香山东麓，依倾斜山势而建。创建于元至元二十六年（1289），清乾隆十三年增建金刚宝座塔。塔高34.7米，有石阶盘登，塔为汉白玉砌造，塔基共两层，上为三层塔座，座身为层层佛龛，内有精致佛像。塔基外砌虎皮石，围以石栏。二层以上金刚座正中开券洞，曾为孙中山灵柩停放处，现用汉白玉封闭。

金刚宝座塔

金刚宝座塔

内蒙古呼和浩特金刚座舍利宝塔，建于清雍正五年（1727）至雍正十年（1732）之间。塔以雕砖作为主要饰面材料，边缘及转角部分镶以白色条石，挑檐和塔刹部分用琉璃装饰。塔通高16.5米。平面呈“凸”形，砌筑于高约1米台基上，下层为须弥座，束腰是砖雕狮、象等图案花纹，座身下半部镶嵌蒙、藏、梵三种文字刻写的《金刚经》，工整细致。座上部有七层短挑檐，檐下塑有1119尊鎏金佛像。座上设置五座方形舍利宝塔，当中为七级，四隅为五级。五塔遍刻佛像、菩萨等，十分精细娴熟。塔北照壁上还嵌有一幅“天文图”，用少数民族文字标志，是一件具有科技价值的珍贵文物。

昆明官渡金刚塔，始建于明天顺二年（1458），正方形平面，高基座上挺立着五座白色的藏式喇嘛塔。正中塔距地表约15米，四座小塔立于四角。基座上有石雕围栏，基座采用四门塔式，即相对两门拱券作十字形贯通，又称“穿心塔”。高基座上是束腰分隔的须弥座，座上雕刻动物形象，四角各雕力士像，座上是逐层缩小的五层覆莲瓣组式圆环，上砌塔身，塔身以上是相轮塔刹，再上是金属的宝盖宝顶。

南传佛教傣族塔有什么特点？

大约一千多年前，小乘佛教开始传入傣族聚居地区并取代原始宗教，形成全民信仰的佛教。至15世纪，寺塔遍村落。

傣族古塔大多建于山坡高地上，因为傣族集居地与缅甸接壤，所以具有类似缅甸塔的风格。塔由塔基、塔身和塔刹三部分组成。塔基一般呈正方形，塔身大多为圆形，呈葫芦状，塔刹由一节比一节小的环节堆积而成，最上面是塔针。傣族塔大多为砖结构，是古老的传统建筑艺术，同傣族人民的文化和生活紧密相连。著名的傣族塔有曼飞龙白塔、景真八角亭式塔、云南潞西风平大佛殿佛塔、傣族母子塔等。由于前文已经介绍了云南潞西风平大佛殿佛塔，这里不再赘述。

云南西双版纳曼飞龙白塔，由九座塔组成。8个子塔围绕着中心母塔。此塔是佛教传入西双版纳后最先建的三塔之一，是为埋葬佛的足迹而建。该塔建于傣历565年（1204），塔基1米多高，为八角形基座，座上最外圈为8个佛龛，中圈为8个小塔（子塔），围绕着中心大塔（母塔）。9塔均圈形实心，葫芦状，塔身洁白，装饰有各种精美的塑饰和彩画。佛龛背上有各种动物、花草、卷云纹装饰。塔群造型富有韵律，很好地体现了傣族的建筑风格和宗教习俗。塔顶部莲花瓣状的座上为贴金的喇叭状锥体塔刹和相轮。母塔高16.29米，子塔高9.1米，甚为绚丽壮观。

曼飞龙塔

云南景真八角亭式塔，位于勐海县景真山上，又称勐景佛塔。这是一座将亭和塔巧妙结合的特殊建筑，是罕见的砖木结构建筑。始建于傣历1063年（1701），历经三次大修。总高15.42米，由塔基、亭身、十层塔檐和塔刹组成。塔基高2.5米，宽8.6米，为砖砌“亚”字形须弥座。亭身四方开门，可出入。十层悬山式塔檐，集中收于一金属圆盘下；每层塔檐脊上有小金塔、禽兽和火焰状琉璃。塔基、塔身外抹浅红色泥皮，镶各种彩色玻璃，并用金银粉印出图案，光彩夺目。

南传佛教佛塔

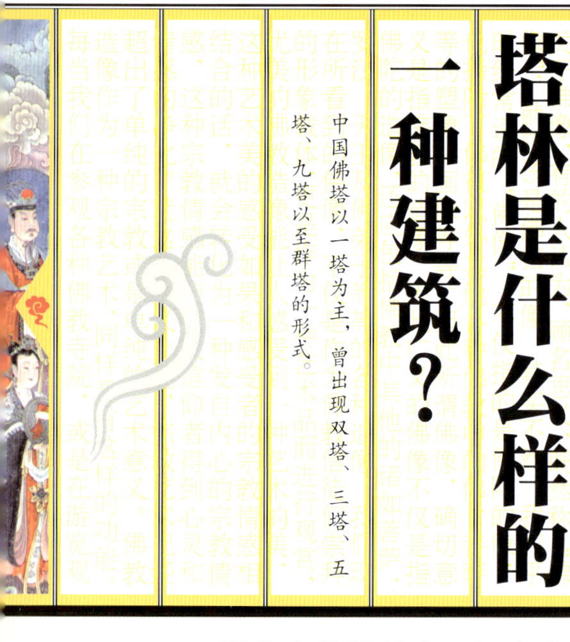

塔林是什么样的一种建筑？

中国佛塔以一塔为主，曾出现双塔、三塔、五塔、九塔以至群塔的形式。

中国著名的塔林有：河南登封少林寺塔林、黄河青铜峡峡口一百零八塔、山东长清灵岩寺塔林，还有山西永济栖岩寺塔林、山东历城白虎山下龙虎塔北的僧塔林、河南临汝风穴寺塔林、北京门头沟潭柘寺外塔林等。

河南登封少林寺塔林，是中国最大的一处塔林，而它的由来也颇为有意义。严格地说，少林寺塔林就是少林僧人的坟墓，当和尚圆寂后，僧人会把他们的骨灰或尸骨放入地宫，在上面建造佛塔，以示功德。塔的高低、大小和层数的多少，则显示着他们生前佛学造诣的深浅、威望高低以及功德大小，故而塔的式样多种多样，造型有四角、六角、圆柱形、圆锥形、瓶形、抛物线形等，高的达 14.5 米，低的只有近 1 米，层数有一层、二层、三层直至七层。现存唐至清各代的砖、石基塔 220 座，埋葬历代少林寺知名和尚的尸首，其中唐塔二座、宋塔三座、金塔六座、元塔 40 座，

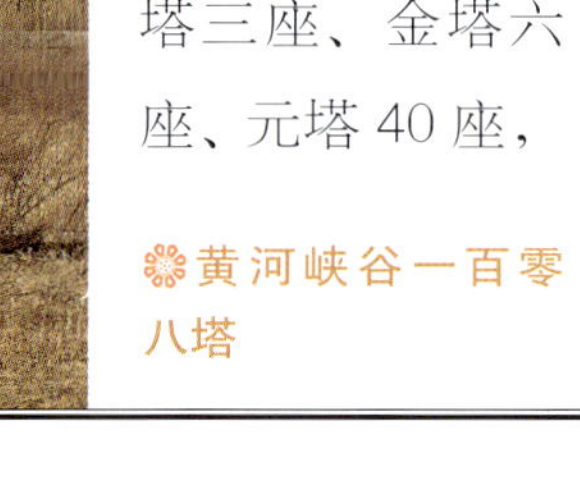

黄河峡谷一百零八塔

其余为明、清塔，是综合研究古代砖石建筑和雕刻艺术的珍贵资料。

❀少林寺塔林

黄河青铜峡峡口西岸108塔，位于一个向东的陡峭山坡上，是中国现存较完整的古代塔群。108塔依山势，从上至下，依一、三、五……奇数排成12排，构成一个等边三角形的图案，塔底座为砖砌八角形须弥座，塔身似覆钵，塔顶如宝珠，高达2米，是一种实心喇嘛塔，最上端是一座形制特大、实心、覆钵式的喇嘛塔，以下逐层按比例缩小。该古塔群对于研究中国西北民族历史、佛教传播以及古塔建筑艺术等都极有价值。

山东长清灵岩寺塔林，有墓塔167座，形制多样，造型优美，为国内罕见。其中慧崇塔建于唐天宝年间（742～755），为最早的一座。塔高5.3米，塔身南面辟券门，门内一人半露做启门状，门上雕有狮头、飞天等图像。塔顶出檐两层，上置露盘、仰莲、宝珠组成的塔刹，古朴优美。

经幢在中国经历了怎样的发展变化？

公元7世纪后半期随着密宗迢迢东来，佛教建筑中增加了一种新的类型——经幢。

幢为梵文 Dhvaja 和 Ketu 的意译，原指佛像前所立用宝珠丝帛装饰的竿柱，后改为石刻。其形式与塔相仿，一般为八角形石柱，顶上覆以石质八角屋顶，上刻《陀罗尼经》。密宗认为，这种经幢具有无限的法力，可以镇魔驱邪、护佑太平。

现存最早的经幢为山西潞城的原起寺经幢，建于唐天宝六年(747)，幢身八角形，刻尊胜陀罗尼经，高 2.64 米，青石造，幢顶仿瓦屋顶，幢底为方形、八角形幢座两层，壶门内有神兽及伎乐天女雕刻，造型简练而稳重。由于木幢易腐，故自唐始出现石幢，置于殿前庭院内，成为永久性的佛教小品建筑形式。此经幢反映出早期经幢从木制品向石制品过渡的原始形态。

中唐以后，净土宗也建造经幢，数量渐多，其中奉弥勒佛为主的仅在殿前建经幢一个，奉阿弥陀佛或药师佛的则以两个或四个经幢分立于殿前。这时候的经幢的形状不但逐渐采用多层形式，还以须弥座与仰莲承托幢身，雕刻也日趋华丽。山西五台山佛光寺石幢立于唐乾符四年（877），相当高大，朴实庄严。

经过五代而至北宋，经幢发展达到高峰。数量愈多，形制愈繁。五代时，吴越王为杭州梵天讲寺造双石幢，细高繁复，雕造精密。河北赵州陀罗尼经幢是现存经幢中体形最大的一座，形象华丽，雕刻精美，是经幢典型代表作品之一。建于北宋宝元元年(1038),全部石造，高 15 米余。底层为 6 米见方扁平的须弥座，其上建八角形须弥座，每面雕刻廊屋各三间，再上以宝山承托幢身，其上各以宝盖、仰莲等承受第二、第三两层幢身。最上雕刻八角城及释迦牟尼游四门故事。自下而上三层幢身逐渐减小减低。

云南昆明地藏寺经幢为现存经幢中雕饰最为精美的一座。建于大理国时期，高 8.3 米，整体石雕，呈八棱形，七层。第一层雕四大天王，间刻梵文《陀罗尼经》，第二层四角分雕四神及释迦牟尼坐像，第三层雕佛、菩萨与胁侍，第四层雕大小不一的坐佛八尊，第五层为灵鹫，第六层为庑殿，第七层为佛像。幢顶为葫芦形。四周饰以莲瓣。整幢共雕大小神像200余尊，大者逾米，小者仅0.1米，比例匀称，造型优美。

元代以后，经幢建造渐趋没落，所见甚稀。

其他著名的经幢有：广州光孝寺大殿前的石幢，造于唐宝历二年(826)，仅在石柱上立八角柱，柱上覆以石盖。浙江海宁县盐官镇的三座石经幢，为唐代遗物。三座经幢鼎足而立，其上皆刻有《佛顶尊胜陀罗尼经》全文，其中以南座最为精巧多姿。上海松江县陀罗尼经幢，建于唐大中十三年(859)，高9.3米，八角二十一级。除刻经文外，尚有云龙、海水、莲瓣、力士、铺首、菩萨等图案，颇具唐风。整个造型雄浑丰满，雕刻洗练圆熟，线条流畅细腻，反映了盛唐风格。山西高平定林寺经幢，在寺内雷音殿前，东西两幢皆建于北宋初年，造型完全相同。下为基石，上托八角台座，再上为须弥座、幢身、华盖、腰檐、莲座。雕刻华丽的相同两座经幢分置于中轴线两侧，说明经幢完全成为一种装饰化的小品建筑。此外，著名经幢还有：湖南常德市滨湖公园的铁经幢，为生铁铸成，国内罕见，圆柱形，下大上小，高4米余，底径0.9米。结构分二十层，仿木结构，第八层上部有出檐，八面批角，为北宋遗物。另外，还有上海嘉定南翔寺经幢、杭州龙兴寺经幢、杭州凤凰山的梵天寺经幢、江苏无锡惠山寺山门前的陀罗尼经幢以及河南白云寺经幢等。

经幢式塔

石窟的发展过程可以分为哪几个阶段？

佛教提倡遁世隐修，因此僧侣们选择崇山峻岭的幽僻之地开凿石窟，以便修行之用。

石窟的布局和外观虽具有若干地区性，但从发展过程来看，大致可分为以下几个阶段：

第一阶段，南北朝初期的石窟，如云冈第十六至二十窟（昙曜五窟）五个大窟，都是开凿成椭圆形平面的大山洞，洞顶雕成穹窿形。石窟前方有一个门，门上有一个窗，后壁中央雕刻一座巨大的佛像，以高达15.6米的第十七窟的雕像为最大，左右壁刻有许多小佛像。这些佛像几乎充满整个洞窟，显得相当局促。这类石窟的主要特点是窟内主像特大，洞顶及壁面没有建筑处理，而窟外可能有木构的殿廊。

第二阶段，晚于五大窟的云冈第五至第八窟与莫高窟的北魏各窟多采用方形平面，或规模稍大，具有前后两室；或在窟中央设一巨大的中心柱，柱上有的雕刻佛像，有的刻成塔的形式；窟顶则做成覆斗形、穹窿形或方形、长方形平拱。这类石窟的壁上布满精湛的雕像或壁画，除了佛像外，还有佛教故事及建筑、装饰花纹等。

第三阶段，公元5世纪末开凿的云冈第九窟和第十窟，石窟的外部前室正面雕有两个大柱，如三开间房屋形式。接着公元6世纪前期开凿的麦积山石窟和略后的南北响堂山石窟与天龙山石窟等，虽有个别石窟在洞门外雕刻门罩，或在石壁上浮雕柱廊形式，但是另有若干石窟在洞的前部开凿具有列柱的前廊，使整个石窟的外貌呈现出木构殿廊的形式。同时窟内使用覆斗形天花，壁面上的雕像不十分丛密，并且多数在像外加各种形式的龛，是这类石窟的主要特点。麦积山石窟的第四窟俗称上七佛阁，前廊面阔七间，长31.5米，方形列柱高8.87米，上置栌斗，承受檐额，而栌斗口内有梁头伸出，石窟上部虽已残缺不全，但仍可看出原来刻有庑殿式屋顶，正脊两端各置有鸱尾。前廊深约4米，上部雕长方形平拱；廊后排列七个佛龛，不但规模巨大，而且忠实地表现了木建筑的式样。南北响堂山和天龙山等处的石窟都开凿若干具有前廊的窟洞，其中以天龙山第十六窟的形式最为精美。

第四阶段，唐代凿造的石窟形式和规模由容纳高17米余大像的大窟到高仅30乃至20厘米的小浮雕壁像。在这两极端之间，有无数大小不等的窟室和佛龛，在巨大的窟室和细小的造像之间，建筑和雕刻的界线很难明确地划分。虽然这些窟室中的雕塑、绘画和彩画装饰是中国古代文化的珍贵遗产，但是除了山西太原天龙山的少数隋代石窟还凿有外廊以外，唐代石窟外部已无前廊，所以从外观上看，建筑的成分已减少。龙门仅有少数窟洞的顶部雕作天花形状，窟外已不开凿前廊来进行建筑的处理。敦煌现存隋、唐石窟虽仅由天花可看出一定的建筑处理，但是内墙的壁画反映了唐朝内地佛寺的情况，因此也可以从这些石窟看到很多唐代建筑彩画的范例。至于石窟在窟型上的演变过程，隋窟基本上和北朝的相同，多数有中心柱，但有些窟洞已经将中心柱改为佛座。唐窟则绝大多数不用中心柱。初唐盛行前后两室的格局，前室供人活动，后室供佛像，盛唐以后则改为单座的大厅堂，只有后壁凿佛龛容纳佛像，更加接近于一般寺院大殿的平面，龙门的奉先寺，也和这种窟型接近。

甘肃炳灵寺石窟大佛像

为什么说南北朝至唐代是石窟发展的高峰时期？

南北朝至唐代是佛教发展的巅峰时期，同样，这一时期的石窟发展也极具影响力。

石窟是佛教建筑的最古形式之一，来源于印度的石窟寺。作为信徒膜拜对象，窟侧常设小室数间供僧人居住。印度现存的佛教石窟以公元前一、二世纪至公元5世纪时所造的阿旃陀石窟群为最著名。随着佛教的东传，石窟寺成为中国佛教建筑的一个重要类型，成为在山崖陡壁上开凿出来的洞窟形的佛寺建筑。在开凿山崖时进行建筑手法的处理，从汉代的崖墓开始已具有悠久的传统。不同的是，崖墓是封闭的墓室，而石窟寺则是供僧侣的宗教生活之用。

南北朝时期，凿崖造寺之风遍及全国，如云冈西部五大窟与龙门三窟是为北魏皇帝祈功德而建，北响堂山石窟则是北齐高欢的灵庙，其他大小统治阶级也纷纷凿崖造

云冈石窟第20窟释迦牟尼佛像

甘肃天水麦积山石窟

寺，因而西起新疆，东至山东，南至浙江，北至辽宁，都有这时期留存至今的石窟。

经过南北朝到了隋、唐，特别是在唐朝，凿造石窟寺的风气达到了顶峰。凿造石窟的地区，由南北朝的华北范围扩展到四川盆地和新疆。凿造石窟的功德主由帝王贵族转到一般平民。宋以后即逐渐衰落。石窟寺的建筑，精美的雕刻、壁画等是中国古代文化的珍贵遗产。

南北朝时期最重要的石窟有山西大同云冈石窟、甘肃敦煌莫高窟、甘肃天水麦积山石窟、河南洛阳龙门石窟、山西太原天龙山石窟、河北峰峰南北响堂山石窟等。除了敦煌莫高窟和洛阳龙门石窟在隋、唐以后继续大量开凿外，其余各处的主要石窟多是公元 5 世纪中叶至公元 6 世纪后半期约 120 年间内开凿的。其他著名石窟有新疆克孜尔石窟、甘肃永靖炳灵寺石窟、河南巩县石窟寺、四川大足石窟、陕西彬县大佛寺石窟、四川广元千佛崖摩崖造像、辽宁锦州万佛堂石窟、山东历城千佛崖造像、云南大理石钟山石窟、四川夹江千佛岩、宁夏须弥山石窟以及四川临邛千佛岩等，这些都是佛教石窟艺术的重要胜地。

汉地最早的佛教寺庙是哪一座？

白马寺坐落在河南省洛阳市东郊12千米处，北靠邙山，南望洛水，山清水秀，风景幽美。始建于东汉永平十一年（68），是中国第一座佛寺。

白马寺石牌坊

据《魏书·释老志》、《洛阳伽蓝记》等史书记载，东汉永平七年（64），汉明帝夜梦金人，身长丈六，顶有白光，飞绕殿庭。第二天他向人诉说梦中所见，大臣傅毅告之“西方有神，其名曰佛，形如陛下所梦”。明帝便派使臣前往天竺（印度）寻求佛法，行至大月氏国（今阿富汗境内），遇到来此传法的天竺高僧摄摩腾和竺法兰，遂邀二位以白马驮载佛经、佛像来中国传教。到洛阳后，汉明帝亲自接见他们，并安排他俩在鸿胪寺下榻。二位高僧在此翻译了不少佛经，并绘画佛像。佛教从此便在中国传播开来。这便是历史上的“永平求法”。

其后汉明帝敕令于洛阳西雍门外三里御道北，建起一座僧院。因佛经、佛像最初是用白马驮来的，天竺二高僧又于鸿胪寺禅居、译经，遂命名此僧院为“白马寺”。“寺”最初本为官府之名，此后便成了佛庙的专门称谓。白马寺的建成，不仅使佛教的种子从此根植于中华沃土，其自身也成为中国佛教早期传播的中心，被誉为中国佛教的“释源”和祖庭。

白马古刹年代久远，历尽沧桑，几兴几废。北魏永熙年间战乱，白马寺遭到严重破坏。唐武则天时下令敕修白马寺，并派亲信薛怀义为白马寺住持。宋太宗时也曾敕修白马寺，并诏令翰林学士苏易简撰写《重修西京白马寺》记录重修盛况。

明太祖朱元璋更是大规模敕修白马寺，基本奠定了今日白马寺的规模和布局。清康熙年间，住持如秀在地方知县的支持下对白马寺进了重修。20世纪30年代白马寺主持德浩又进行了重修。抗日战争爆发后，白马寺再度遭到破坏。新中国成立后，人民政府多次拨款对白马寺进行重修。1983年，白马寺被国务院列为汉族地区全国重点寺院。

现存寺院坐北朝南，建筑面积约3.4万平方米。山门为一座牌坊式三门洞建筑，门额镶嵌“白马寺”三字。山门两侧有一对石雕白马。山门内东侧石碑为元代书法家赵孟頫书写的《洛京白马寺祖庭记》，记载着白马寺的由来；西侧为宋代苏易简撰写的《重修西京白马寺》。寺院主要建筑分布在中轴线上，依次为天王殿、大佛殿、大雄宝殿、接引殿、毗卢阁等，从南而北，依次升高，蔚为壮观。

天王殿供奉弥勒佛及护法神四大天王和韦陀。大佛殿供奉释迦佛，文殊、普贤二菩萨和迦叶、阿难二弟子；佛祖背后是观音菩萨。大雄宝殿供奉释迦、药师和弥陀三世佛，两侧为十八罗汉。接引殿主尊为阿弥陀佛；左右两侧为观音菩萨和大势至二菩萨，合称“西方三圣”或“弥陀三圣”。毗卢殿为寺中最后一殿，主尊为释迦牟尼的法身毗卢遮那佛（大日如来），左右为文殊、普贤二菩萨，合称“华严三圣”。中轴线两侧还建有钟鼓楼、配殿、藏经室等，并分布有云水堂、祖堂、客堂、禅堂、方丈院等房舍百余间。

白马寺的殿堂规制和神像配置十分典型，具有代表性，后世的寺庙多仿于此。白马古刹以其“释源”和中国佛教祖庭的身份，在中国佛教史上享有崇高地位。

洛阳白马寺山门

佛光寺为什么被称为「中国古建筑的瑰宝」？

佛光寺位于五台山台怀镇东北32千米的佛光山的山腰，是一座堪称中国古建筑博物馆和建筑学宝库的千年古刹。

佛光寺殿内现存的历代殿宇是研究古代建筑史的最佳实物资料，如此精彩的木构杰作在世界建筑史上也是罕见的，被誉为“亚洲佛光”。

佛光寺创建于公元5世纪北魏孝文帝时期，唐武宗“会昌灭佛”时寺毁，宣宗时重建。金代增建文殊殿。明清时重修了天王殿、伽蓝殿、万善堂、香风花雨楼、厢房及窑洞等，迭成今日的规模。其中最有价值的是正殿和文殊殿。

佛光寺坐东朝西，正殿地处最东头，在寺最后，因此俗称“东大殿”，是唐宣宗大中十一年（857）在弥勒大殿旧址的基础之上，在愿诚和尚的主持下，由其女弟子宁公遇捐资重建的。殿内有这两人的唐代泥塑像。正殿是佛光寺最古老、最高大的殿宇，也是中国现存最古老的佛殿之一。正殿为面阔7间，进深4间的单檐庑殿式建筑。其建筑风格及结构颇似唐鉴真和尚在日本奈良创建的“唐招提寺金堂”，为中国现存规模最大的唐代木构建筑。殿内外的柱子上皆有结构复杂、造型古朴的斗拱承托梁枋，尤其值得关注的是左右四梁下留有唐人遒劲有力、洒脱自如的墨迹，极具大唐风范与气度。而殿内的梁枋又由天花分成露明梁架与暗隐梁架两种，有的还保存着早期彩绘痕迹，其中的彩绘人物神态优雅、造型逼真，堪称唐代壁画的精品。

屋正脊两端高大的琉璃鸱吻为唐代原物，更是极为珍罕。殿内砖砌的佛坛长达5间，宽一间半。每间佛坛均供奉一铺佛像，主尊分别为释迦牟尼、弥勒佛、阿弥陀佛、普贤菩萨、文殊菩萨。每尊主佛两侧及前面分别有胁侍菩萨和供养菩萨，并有侍者牵狮引象，两角还有金刚等其他塑像，共有35尊塑像。如此栩栩如生的泥塑皆是唐代原物，为中国佛教鼎盛时的代表作。值得一提的是，殿内的文殊、普贤的排位与常规不同，特意摆成文殊居右、普贤居左的格局，其用意无非是要突出五台山为文殊菩萨道场而已。仅一座东大殿就有如此多的宝物，其中唐代的建筑、壁画、墨迹及泥塑合称“佛光寺四绝”。大殿内两侧及后壁的五百罗汉像，虽为明代补塑，艺术价值也十分高。

另外，佛光寺的各类墓塔也十分有特色。其中东大殿南侧造型古朴的祖师塔是寺内唯一的北魏时期建筑。解脱禅师塔、无垢净光塔、志远和尚塔、大德方便和尚塔等都是唐塔。佛光寺的唐塔形制复杂，造型多变，既有方，又有圆，还有六角和八角形的，中国墓塔形制发展演变的基本形制在此可以一目了然。

佛光寺的特征就在于：虽然历经千年风霜，以及历代的多次修葺，却始终保持着唐代的风貌，堪称稀世国宝。著名的古建筑专家梁思成称佛光寺“荟萃一寺的魏齐唐宋四个孤例，荟萃一殿的唐代四种艺术。”简明扼要地概括了佛光寺的建筑特色。1961 年佛光寺被列为全国重点文物保护单位，而今又成为重点旅游胜地，其独特的魅力必将永存人间。

佛光寺东大殿

南禅寺在中国建筑史上的地位如何？

南禅寺是五台山地区规模最小的寺院，但寺内的大佛殿却以其悠久的历史，在中国现存的唐代木结构建筑中独领风骚。

南禅寺位于五台山台怀镇西南22千米的李家庄，是中国现存最早的木构建筑。此寺坐北朝南，占地4100平方米。它的始建年代不详，重建于唐德宗建中三年（782），较佛光寺尚早76年。尤其令人称奇的是这座大殿竟然逃过了唐武宗大规模毁佛的厄运，而独存于五台山。推想其中的原因，可能是它地处台外偏僻之处，且规模不大的缘故。南禅寺的独逃法劫，可以说是历史的偶然，却也是令人的幸运。南禅寺使我们深刻地领略到中唐建筑的风格。

寺内的主要建筑有山门（观音

五台山寺庙群

❁南禅寺大殿

殿)、东西配殿(菩萨殿和龙王殿)和大殿，它们组成了一个四合院式的建筑。大佛殿的面阔、进深皆为三间，是一座近似正方形的单檐歇山式斗拱建筑。殿内无柱，梁架结构简单，出檐深远，殿脊内收，鸱吻古朴。尤其是屋面曲线平缓，总举高与通进深的比例竟然不足五分之一，是中国现存古建筑中举折最平缓的建筑。这是中国现存最早的木结构建筑，所显露出的唐代工程美学情趣为世人所瞩目。整个大殿的构成，包括台基、屋架、屋顶三部分，用12根檐柱支撑，而殿内却没有天花板，也没有柱了。此种梁架式制作颇为简练，墙身的作用只是用来隔离空间。整个屋顶的负重通过梁架传递到檐柱上。梁、柱、枋结合，檐墙遮挡，紧凑而稳固，檐深而不低暗，让整个大殿气势雄浑，轮廓秀美，给人以庄重而健美的感觉。

殿内共有17尊塑像，大部分都为唐代原物。主尊为拈花说法的佛祖释迦牟尼像，左右两侧为乘狮的文殊与驾象的普贤。整体塑像主次分明，动静结合，神态逼真，塑工极为精妙。尤其精彩的是塑像中婀娜多姿的胁侍菩萨和气宇轩昂的天王。在佛坛的四周现存70幅唐代砖雕，雕刻得十分古朴洗练。

另外，寺内现存的三尊石狮及小石塔也是唐代遗物，有着极高的文物价值。

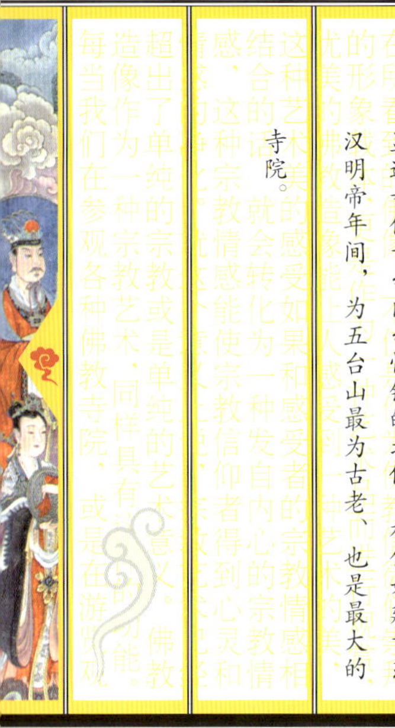

显通寺的无量殿和铜殿有什么特点？

显通寺位于台内台怀镇的北侧。相传始建于东汉明帝年间，为五台山最为古老、也是最大的寺院。

显通寺的现存建筑均为明清时所建，占地面积为43700平方米。南北中轴线上依次分布着观音殿、大文殊殿、大雄宝殿、无量殿、千钵千佛殿、铜殿、藏经阁等7进各式建筑，其中最为著名的是大文殊殿、无量殿、千钵文殊殿、铜殿。

五台山为文殊菩萨的道场，各个寺院当然是以供奉文殊菩萨为主，而显通寺的大文殊殿在其中独树一帜。在其殿内，供奉着七尊文殊菩萨像。正中的是大智菩萨，其前面有5位文殊，从左至右依次是西台狮子文殊、南台智慧文殊、中台孺子文殊、北台无垢文殊、东台聪明文殊，而大智文殊的背后为甘露文殊。前面的五文殊正是五台山五顶上文殊的集合体。

无量殿为面阔7间、进深4间的重檐歇山顶式砖拱券式建筑，殿内无梁柱，殿外无檐廊，是地地道道的无梁殿。值得注意的是此殿的正面每层都辟有7个阁洞，其寓意是纪念释迦牟尼在7个地方分9次讲完《华严经》，即“七处九会”之典。殿内的砖雕精细富丽。殿内供有一尊卢舍那佛，其背后为弥勒佛。殿内还有珍品《华严经》字塔一幅。此塔是由630043个蝇头小楷字组成，系康熙年间的苏州三宝弟子许德心12年心血的结晶，堪称稀世

山西五台山显通寺山门

珍品。

千钵文殊殿比较特殊的是明代的千钵文殊铜像。铜像上叠5个头，胸前6只手，中间的两手捧一金钵，钵内有一释迦牟尼的坐像。尤其奇特的是向四周伸出的千只手，每只手上都有一金钵，钵内都有一释迦牟尼像。由此，这尊铜像的全称为千臂千钵千释迦文殊像。

铜殿铸造于明万历三十七年(1609)，共用铜10万斤。其发愿及最先化缘者为明代五台山高僧妙峰大师。铜殿高8.3米，为三重檐歇山顶式，殿周四壁均装饰隔扇门，隔扇内壁铸有万尊小佛像，外壁铸有32幅各式花草与奇禽异兽的图案。殿内中间台上还有形象生动的骑狮文殊大铜像，铸工十分精妙。这座铜殿与北京颐和园宝云阁（铜亭）、湖北武当山铜殿和昆明鸣凤山的铜殿，合称中国“四大铜殿”。

在铜殿的前面，左右两侧各有一座高两丈左右的大铜塔。铜塔原有5座，以象征五台山的五顶，但有3座已经被侵华日军盗毁，只剩下这两座了。右边的铜塔底层西南角有一拇指大小的铜庙，内坐铜铸土地神像。相传康熙皇帝曾戏称这尊土地神像为“好大的土地！”天子无戏言，因此这个小小的土地爷就荣获“山西大土地爷”的御封，顿时身价百倍。游人至此多争睹如此“大土地爷”的风采。

显通寺铜殿铜塔远眺

塔院寺为什么被称为「五台山第一圣迹」？

塔院寺位于显通寺的南侧，原为显通寺的塔院，明代万历年间独立为寺。

塔院寺内的主建筑为舍利白塔。大白塔基座平面为正方形，下为高大的须弥座，中为覆钵形塔身，上置“十三天”，顶冠华盖、仰月宝珠，通高达50米。其中华盖与仰月宝珠皆为铜铸，饰以飘带，悬以铜风铎，煞是壮观好看。石质的须弥座的南面有3个很浅的石洞，在右边的石洞中立有佛的迹象碑，碑上有佛祖的双足印圣迹。塔的下层塔殿中供有释迦牟尼、地藏菩萨及三大士铜像。整个白塔造型古朴、气势雄浑巍峨，高高矗立在青山绿丛与红墙殿宇中，格外醒目，为五台山的象征。

据说，蒙藏佛教徒至五台山朝拜，要拜的第一圣迹就是这座大白塔。原因在于大白塔中藏有一座佛教传入中国之前的古印度阿育王所造的舍利宝塔，即慈寿塔。这尊塔系阿育王所造的84000座佛祖真身舍利宝塔之一。虽然此说显系

无稽之谈，但这座白塔在佛教信徒心目中的地位却是无与伦比的。

大白塔的东南有一座两丈来高的砖塔，即远近驰名的文殊发塔。传说此塔内藏有文殊菩萨的头发。且不管阿育王塔与文殊发丝是否真有其物，游人至此雅兴大增却是事实。

五台山塔院寺的大白塔

菩萨顶的建筑有什么特点？

菩萨顶位于五台山显通寺北侧的灵鹫峰上，相传为文殊菩萨居住之所，北魏时创建。

菩萨顶始建于北魏孝文帝时，称“大文殊院”。相传唐代时文殊菩萨在此显露了真容，故又称真容院。宋景德年间，真宗敕建，设文殊像，赐额“奉真阁”。明初喇嘛教传入五台山，菩萨顶成为喇嘛庙之首。明朝以后至今，一直沿称“大文殊寺”（又称“菩萨顶”），声望在清朝时达到鼎盛，清康熙与乾隆两帝至五台山进香，皆驻跸于此，菩萨顶实际上已经成为了清代皇家的寺庙。

菩萨顶现有殿宇400余间，占地45亩。主建筑皆参照皇家营造法式建造，金碧辉煌，华丽壮观，就其建筑的等级而言，可称为五台山诸寺之首。寺前有台阶108级，

文殊菩萨像

旧传是隐指山西省旧时所辖县之总数，实际上佛家有“百八烦恼”之说，这里应是抛开百八烦恼，将之踩在脚下的意思。若将灵鹫峰比做一蹲踞的巨龙，则菩萨顶堪称为龙头，那108级台阶就如同龙口中吐出的长舌。也有人将其比做巨龙的腹甲。总之，菩萨顶的气势之大，也堪称为五台山诸寺之首。

寺分前后两院。前院的正殿为文殊殿，又称滴水殿，是一座比较特殊的建筑。旧时，在殿的前檐有一滴水的檐瓦，无论四季终日滴水。常言道：水滴石穿，承受水滴的地方就变成了蜂窝状。过去传为文殊菩萨显灵所滴的甘露所致，实际上这是文殊殿的建筑结构上有一特殊的蓄水层所致。但由于后世不了解，重修大殿后，此结构不复存在，真是令人惋惜！殿内佛坛上供有骑狻猊文殊菩萨彩塑像，两侧为十八罗汉。此殿是朝圣信徒必至之所。殿内既有藏族信徒供奉的12幅藏画精品，相传为乾隆亲笔所绘的金色菩提树画。

后院有号称五台山之冠的四口大铜锅。过去每年腊月初八的“佛成道日”及六月大会必用一次，用来熬腊八粥和蒸白面魔王。

通往菩萨顶台阶

罗睺寺的「开花现佛」是怎么回事？

罗睺寺位于五台山塔院寺的东侧。罗睺为释尊俗时之子，后随释尊出家，为佛家「第一沙弥」，后成为释尊的十大弟子之一，号称「密行第一」。

罗睺寺以罗睺命名，乃取罗睺刻苦自修，“不毁禁戒，诵读不懈”之意。此寺创建于唐代，明弘治五年（1492）重建。寺内现存诸殿的建筑、装饰及殿内的塑像，皆保存完好，是五台山中建筑文物保存最完整的大寺庙之一。

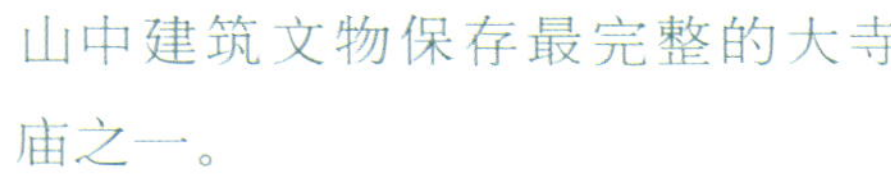

罗睺寺为黄庙，殿内主要塑像颇具明显的喇嘛教的风格。如各寺中常见的骑狮文殊在此庙就被塑造得与众不同，其面部呈乳白色，而非常见的贴金黄色，而且在肩膀上的肩花中，分别放有经卷和慧剑。

罗睺寺最吸引人的是“开花现佛”。在后殿的中心有一圆形的木制佛坛，坛上圆盘雕满了水波纹和过江十八罗汉；圆盘外的方台上塑有二十四诸天和四大天王。贯通圆盘的荷茎蒂上有 8 个合拢在一起的木制莲花瓣，莲花的中心是四尊背靠背的阿弥陀佛，面向四方。随着机关的转动，莲花瓣开合，佛像也随之时隐时现，令人称奇不已。“开花现佛”的奇景已经于1984年修复，正式向游人开放。

罗睺寺殿阁一角

除了上述诸寺之外，五台山还有许多著名的寺院，诸如密宗最早的传播中心，

❁罗睺寺白塔

参照印度那烂陀寺营建的金阁寺，不仅历史悠久、规模庞大，而且现存佛像多达1000多尊，为五台山佛教塑像最多的寺庙，尤其是前院观音阁内的千手观音铜像，高达18米，是中国第三高铜佛像，仅次于西藏日喀则和河北正定的大铜佛，在五台山独标异帜，夺人眼目；还有号称“小朝台”的黛螺顶，虽然规模比较小，但一殿之内集齐五台山的五座台顶上的五种文殊法像，即孺童、无垢、智慧、聪明及狮子吼文殊像。另外，龙泉寺的号称“艺术明珠”的石牌坊，塑工最精的圆照寺，坡上花园的南山寺等，各有千秋，难以一一细说。

五台山是佛教四大名山中唯一兼有汉藏两种风格寺院的佛教道场，集中体现了佛教艺术的魅力，堪称世界级佛教文化艺术的宝库。

普济寺的圆通殿有什么建筑特点？

普济寺位于普陀山白华顶灵鹫峰下，俗称「前寺」。宋太宗太平兴国三年（978），在原小庵院的基础上，由朝廷拨款扩建并赐名。

宋神宗元丰三年（1080），应钦使王舜封奏请，又赐“宝陀观音寺”，正式形成观音道场。30 年后，寺毁于台风，朝廷又拨款万缗予以修复，并赐“圆通宝殿”匾，指定普陀山重点宣扬观音，山中各圆通殿均供奉观音圣像。明代因海寇的骚扰，寺院两度内迁大陆。清康熙年间，耗时 10 余年重建寺院，改称“普济禅寺”。后经雍正、乾隆两朝的扩修，建筑面积达 1.4 万平方米，成为中国东南地区规模最大的梵刹。

普济寺坐北朝南，是典型的轴线对称的格局。寺前的空地有长百余米、宽 40 米的放生地——海印池，池中遍植莲花，俗称“莲花池”。每当皓月临空，清波如镜的海印池内倒映着四周参天古樟的影子，婆娑摇曳，别有一番诗情画意，这就是名闻遐迩的普陀十二景之一的“莲池夜月”。在池的东南还有普陀山现存最为古老的建筑——元代的多宝塔，它与法雨寺鹅耳枥树及杨柳观音庵内的“杨柳观音碑”合称“普陀三宝”，均为重点文物保护对象。

普陀山普济寺

普济寺的山门面阔 5 间，为重檐歇山顶式建筑，建于康熙年间。

正山门平时关闭，僧人及游人均由东山门出入，西山门为僧人圆寂出殡专用。山门正中竖有明万历、清康熙两皇帝的御碑。值得一提的是，驮正中那块御碑的大石龟的眼珠竟然能转动，雕刻工艺之精湛可见一斑。

左右钟鼓楼内分别有重达7000斤的大铜钟和直径5尺的大鼓，夜半钟声宏亮被广，可以同悠远清扬的寒山寺的钟声相媲美。

普济寺的主殿为圆通殿，是一座面阔7间、进深6间的重檐歇山顶式建筑。此殿的内部空间设计得十分奇妙，容数百人不觉宽，纳数千人不觉挤，有“活大殿”之称。殿中供奉高8.8米的毗卢观音“结跏趺坐”像，四周端坐着观音菩萨为救渡世间众生，随三界六道之不同情缘而相宜“现身说法”的32个变化身，成为观音道场独具特色的殿堂配置。北边两侧还供有关公与韦陀两尊立像。殿旁的东配殿供奉着文殊菩萨，西配殿为普贤菩萨。另外，在圆通殿的后面，另一主殿——法堂的西配殿供奉着地藏菩萨。这种格局显然是颇具匠心的，实际上是四大菩萨道场的缩影。

中国佛教四大名山，或者说四大菩萨道场的主尊佛像，在此会聚一堂，而又皆为观音菩萨的陪衬。这可以说是普陀山观音道场的独具匠心之处，其匠心就在于以观音为中心，为四大菩萨排定了座次和等级。这种格局是近世以来观音信仰成为民众第一信仰的派生物。

普济寺后湾的真歇庵遗址，是本山禅宗第一代祖师真歇禅师静修之所。庵东有“无畏石”，庵西有“猴石”，而寺西的“清静境”三字正点破了此中特有的情调。

僧侣在普陀山朝拜

法雨寺的九龙观音殿有什么特点？

法雨寺地处普陀山白华顶左，背山临海，规模宏阔，为普陀山第二大寺，俗称「后寺」。

明万历八年（1580），僧人大智真融在普陀山下创建了海潮庵。26年以后，朝廷拨款扩建，并请得“大龙藏经”，寺庵的规模逐渐扩大。清康熙三十八年（1699），御赐“天花法雨”的匾额，遂改称为“法雨禅寺”。

法雨寺的地势南低北高，其建筑便依山就势，在中轴线上依次分布6进院落，中轴线上前有天王殿，后有玉佛殿，两殿之间有钟鼓楼。后依次为观音殿、玉牌殿、大雄宝殿、藏经楼、方丈殿。观音殿又称九龙殿，九龙雕刻十分精致生动。层层叠叠，宏制巧构，古樟参天，绿树成荫，深山古刹的特有的氛围令人陶醉，所谓“树色秋擎出，钟声浪答回”（王安石）。而康有为游寺时所题的“锦屏临沧海，法雨飞天花”，更是淋漓尽致地点出了法雨寺气势的宏大。

法雨寺中最有艺术价值的是九龙观音殿。此殿又名圆通宝殿。它的前身为明代南京故宫九龙殿。清康熙三十八年（1699），康熙皇帝应法雨寺的住持性统的奏请，特命将南京故宫的九龙殿拆迁至普陀，并按原样重建。

此殿坐北朝南，重檐歇山黄琉璃瓦顶式建筑。底层面阔7间，外加廊檐；上层面阔5间，进深6间。殿内8根精雕盘龙金柱一贯到顶，

普陀山

普陀山法雨禅寺

十分华美。明间顶部藻井为九龙抱珠图案，其中一蟠龙盘顶居中，另8条龙盘绕8根垂柱，探首伸爪，飞舞直下，形态传神，堪称一绝；再配以正中的那盏琉璃宝灯，煞是好看。殿内正中供奉脱沙毗卢观音像，后供香樟木雕的千手观音。九龙观音殿在国内现存寺院佛殿中，建筑规格是最高的。

九龙壁的对面就是天王殿，这是一座重檐歇山式建筑，殿前是一排排的古樟，甬道旁竖有两根旗杆，它们常常被香客当做神物，取之入药，也因此，它们有“后寺活旗杆”之称。这也是法雨寺与其他寺院的不同之一，而之二，则是天王殿内的四大天王排列顺序特殊，据说是为了避免与普济寺重复。

此外，观音殿前石台四周的青石栏板，尚有雕琢精美、构图十分巧妙的“二十四孝”浮雕，颇值得驻足品味。

寺内最后一进方丈院中，有印光法师的纪念堂。印光法师系北京高僧，在法雨寺藏经楼清修净土法门30载，主张“一心念佛，借佛愿力，往生西方”，被奉为“中国佛教莲宗第13代祖师”。

智化寺的明代木构建筑有什么特点？

明代古刹智化寺属全国重点文物保护单位，它庄重典雅、精美古朴，拥有独特的黑琉璃瓦顶，是不可多得的佛教艺术瑰宝。

位于东城区禄米仓胡同东口路北的智化寺，是北京现存的唯一的仍保持着明代建筑风格的佛教寺庙，规模宏大，建筑壮丽，早在1961年被列入全国重点文物保护单位，可见其文物价值之高。

智化寺始建于明正统八年(1443)，原为太监王振的家庙。王振为明英宗的幸臣，也是“土木堡之变”的祸魁。明代时这座王振的家庙被赐名为“报恩智化寺”，一度曾祠祀王振。清乾隆年间始毁王振祠，纯为佛寺。目前在寺内所看到的那两座无字碑，实际上就是这一场历史变化的见证。当年，这两座碑原有碑文，即《敕赐智化寺之记》和《敕建智化禅寺振恩碑》，是明英宗在“夺门之变”复位之后，为纪念王振所立，纯粹是王振的歌功颂德碑。清乾隆七年毁王振家祠时，将碑文磨去，才形成了现在的无字碑。

智化寺的规模原本十分庞大，分为东中西三路，中路又分为前中后三进院落。而且建筑的布局也十分规整，为典型的“伽蓝七堂”建置。但世事沧桑，时至今日，只有中路的主体建筑尚存，其他的附属建筑已经荡然无存。

在南北中轴线上，依次分布着山门、智化门（即天王殿，现辟为寺内文物陈列室）、智化殿、如来殿（万佛阁）、大悲堂等主体建筑，皆为典型明代风格的歇山式建筑。在智化门的前面是东西对称的钟鼓楼，玲珑别致；智化殿的前面东西对称的是大智殿与藏殿。

这座寺庙有五点颇为世人所注目。一是精美完整的明代建筑艺术群。此寺建筑的屋顶全为黑色的琉璃筒瓦脊兽铺砌，显得庄重与华丽。尤其是殿宇的木作，虽然经过了多次的修缮，但梁架与斗拱并未更换，仍保持着原状，十分难能可贵。

二是珍贵稀有的转轮藏。转轮藏为南朝萧梁时期的傅翕发明的一种诵经礼佛的辅助设施，推动转动一圈就相当于将转轮藏上所带的经卷诵读了一遍。这样，连文盲皆可诵经礼佛了。

三是明代风格的壁画。在寺内智化殿明间后檐的抱厦内有十分精美的地藏菩萨壁画，虽然抱厦为后世所补建，但壁画的风格颇似法海寺，引人注目。

四是现存最为古老的“京音乐”。该音乐究其根本，是源于宫廷的教坊音乐，是王振倚恃皇宠，于明英宗正统十一年将宫廷音乐移入了自己的家庙。而寺内“以艺谋生”的艺僧为维持生计之需要，严格遵循师徒传授、秘不外传的行规，既不外传，也不借鉴外界的东西，因而始终是原汁原味未加变动地传承了28代。寺内现存有清康熙年间的曲谱手抄本和明正统年间制造的乐器，可用来演奏30多个曲牌，堪称“活文物”。这种纯粹是“封闭保守”所衍化出来如此有价值的“活文物”，的确是当年制定家规的艺僧所始料不及的。据考察，智化寺的“京音乐”是唐宋以来的燕乐中鼓吹教坊的一部分，是中国现存最古老的音乐之一。如此完整、准确、真实的古代音乐资料，为国内外所罕见。

五是现存唯一的一套、也是自宋代以来开刻佛经的最后一部官刻汉字佛教经版——清乾隆时的《龙藏经》，该经的29036块经版全部收藏于此。此套经版原存于柏林寺，1982年移至此寺。

智化寺

戒台寺为什么被称为「天下第一坛」？

以戒台闻名于世的北京戒台寺位于北京西郊马鞍山，与福建泉州开元寺和浙江杭州昭庆寺合称全国三大戒台，其中戒台寺的戒台规模又居三大戒台之首，古来即被佛教徒们誉为「天下第一坛」。

久负盛名的戒台坐落在戒台寺的戒殿之中。戒殿是戒台寺的重要建筑，也称选佛场，它高20余米，建筑面积600多平方米，呈正方形，为重檐盝顶与四角攒尖顶相结合的木结构建筑。号称天下第一坛的大戒台为三层汉白玉石台，高约3.5米，平面呈正方形，每层都有须弥座，三层合起来象征佛教圣地须弥山。各层须弥座的四面均凿有龛洞，总计113个，龛中各置一戒神像。据《帝京景物略》记载，戒台四周原供有“戒神数百”，其中“高三尺者二十四，胄弁戎服，或器械具”，这24尊戒神高约1米，身披盔甲，有的手持器械；尚有“高以尺者甚众，妖鬼男女环焉，其部也”，高约一尺的戒神更多，还率有妖鬼部众。现戒台四周的戒神，均系著名艺人“泥人张”新塑。

戒台顶上有释迦牟尼坐像一尊，像高约2米，下为高约3米的莲花座；原像于1973年移至浙江天台山国清寺，今像为新近所塑。戒台上原陈设“香木座十”，分别为“上三座：中，衣钵传幻·本坛和尚座；左，羯磨阿阇黎座；右，教授阿阇黎座。旁左三右四座，尊证阿阇黎座也”。阿阇黎为梵文音

戒台寺钟楼

译，意为“轨范师”、“正行者”，指教授弟子，纠正弟子行为之师，即汉文“导师”之意。《四分律行事钞》卷上有五种阿阇黎：一、出家阿阇黎（出家得度之际授十戒之师，亦称十戒阿阇黎）；二、受戒阿阇黎（受具足戒之际做羯磨之师，亦称羯磨阿阇黎）；三、教授阿阇黎（受具足戒之时教授威仪之师，亦称威仪阿阇黎）；四、授经阿阇黎（教读经之师）；五、依止阿阇黎（同起居，而从受教之师）。显然，那十把沉香木座椅是传戒时三师七证的座位。

戒台寺

戒台右前方立有一面大鼓，左前方悬有一口明景泰年间铸造的大钟，左钟右鼓是传戒时的乐器。不难想见当时庄严隆重的传戒场面：时值夜半，三星高悬，大殿里“异灯异香，颁自内府”，高高的戒台上，端坐着十位高僧，数百僧众肃立在戒台四周，随着悠悠的钟声和有节奏的鼓点，齐声诵念佛经……令人遗憾的是，如幻大师等高僧当年坐过的沉香木椅已于新中国成立前夕丢失，现取而代之的是20世纪80年代重修戒台寺时仿制的。所幸铜钟尚在，其为景泰年间传世有限的遗物之一。戒殿后面的大悲殿及左右庑的罗汉堂中，原有清乾隆年间所塑的五百罗汉像，可惜均未能保存下来。

燕京古刹法源寺的建筑有什么特点？

北京宣武门外教子胡同南端的法源寺，是北京城内现存最古老的寺院，也是中国珍藏佛经最多、版本最珍贵的寺院之一，又是中国佛学院、中国佛教图书文物馆所在地，是中国佛教文化和佛学研究、培养僧才的中心之一。

唐贞观十九年（645），唐太宗为哀悼征高丽阵亡的将士，在此建寺，后由武则天赐名悯忠寺。至今寺内的一些青石柱础尚是唐代的遗物。辽道宗清宁三年（1057）重修毁于地震的寺庙，奠定了今日的寺院规模与格局。明时改称崇福寺，清雍正十二年（1734）始名法源寺。寺内大雄宝殿内悬挂的乾隆御书的“法海真源”匾，就点出了寺名的寓意。

法源寺占地6700平方米，主要建筑有山门、钟鼓楼、天王殿、大雄宝殿、悯忠台、大悲坛、藏经阁等，其中以后4座殿堂更具特色。

大雄宝殿是清乾隆四十三年（1778）重修的，气势宏伟。比较引人注目的是此殿的佛像陈设，可以说是异于常规。殿内正中为合称“华严三圣”的毗卢遮那佛与文殊、普贤菩萨，皆为明代遗物。同“华严三圣”平行的两侧还分别有三尊菩萨，左侧的是药上菩萨、无尽意菩萨和药王菩萨，右侧的是观音菩萨、大势至菩萨和弥勒菩萨，与文殊、普贤菩萨正好合为“八大菩萨”，但与常规相异的是这6尊菩萨手印各异，而且都端坐在麒麟或大象驮着的莲花宝座之上。佛经中关于八大菩萨的说法不下六七种，这里所供也是一说，只是这种形态颇为特异，值得一观。大殿内的东西两侧为清代木胎贴金的十八罗汉坐像。

大雄宝殿后面的小巧建筑是悯忠台，又称念佛台、观音殿。这个建筑的结构比较独特，式样与故宫御花园的万春亭相同。这里保存着法源寺自唐、辽以来的历代碑刻与经幢，为研究法源寺与北京历史的极为宝贵的史料。

悯忠台的后面为毗卢殿（又称大遍觉堂或净业堂），此殿曾供奉过玄奘法师的顶骨舍利。玄奘法师的头骨舍利是宋代端拱元年（988），金陵长干大师于终南山的紫阁寺发现的，一直收藏于长干寺。清代咸丰年间寺及舍利塔皆毁，此后舍利也杳无音讯。

毗卢殿后面为大悲殿，此殿供奉的皆是观音。殿内正中有 3 尊明代的木胎干漆制的大士像，中间为圣观音，左为十八臂的准提观音，右为自在观音。在殿的左右两侧还各有 2 尊，左侧的是送子观音与众宝观音，右侧为绿度母与千手千眼观音。整个殿堂的陈设，从数量上看，与常说的七观音是吻合的，但从人物上，无论是密宗六观音，还是天台宗的六观音，都与之不符，显然这里的塑像并非一组，而是后世组合在一起的。其中有六观音中的，也有三十三观音中的形象，甚至还有藏传佛教中最受尊崇的绿度母，可见其构成之复杂，但也为了解各类造型的观音提供了好的去处。

法源寺最后一进院落是藏经阁，这是一座两层结构的建筑，楼下为“历代佛造像展室”，楼上为藏经阁。楼下的展室堪称一座佛教文物宫殿，陈列的历代佛像、石刻及艺术珍品琳琅满目。其中有中国最早的佛像——东汉陶制佛座，东吴魂瓶，以及隋唐五代石刻，铁铸佛像，宋代木雕罗汉，元代铜铸自在观音，明代木雕伏虎罗汉等珍贵文物。尤其是在迎门处供奉的那尊长达 7.4 米的巨大木雕卧佛，它是北京市内最大的一尊明代木雕佛像，极其珍贵。

来到法源寺，不仅可以看到如此珍贵的文物、独特的建筑，而且还可以领略自然之美。这里是花木争春的世界，古来就以花木见胜，寺内的丁香素有“香雪海”之称。而今法源寺的花木仍是十分茂盛、名贵，值得细细观赏。

法源寺悯忠阁

内地最大的喇嘛庙雍和宫的建筑有什么特点？

雍和宫位于北京东城区，为北京地区最大的喇嘛庙。此地明代时为太监的官房，清康熙三十三年（1694）改建为皇四子胤禛的雍亲王府邸。胤禛即位后，将之改为行宫，并赐名雍和宫。

雍和宫坐北朝南，占地4.58万平方米，全寺分为东中西三部分，在南北中轴线上依次分布着牌楼、昭泰门、雍和门（即天王殿，此址原为雍亲王府大门）、四体御碑亭、雍和宫（即大雄宝殿，原为雍亲王接待文武官员的银安殿）、永佑殿、法轮殿、万福阁和绥成楼等主体建筑。东西对称分布着众多的配殿建筑。除保持轴线对称的汉式寺庙建筑的格局之外，雍和宫还有两个比较突出的特点，其一是，虽然整个雍和宫的建筑群的地基是平坦的，但其地势却人为地由北向南依次垫高，以至于最后的绥成楼的殿基较之雍和门竟高出了近两丈。这样将主建筑突出雄峙的设计，大违中国传统建筑的讲究深藏掩蔽的“窝龙聚凤”的格局。据推测，这是当年雍亲王出于风水压胜的考虑，以超出其府邸左侧的柏林寺。风水之说虽然无稽，但雍和宫别具一格的设计却给后人留下了一笔宝贵的遗产。其二是，建筑形式上采取了汉藏结合式。这一点主要取决于乾隆皇帝将雍和宫改为喇嘛庙的意图，主要是团结信奉喇嘛教的蒙藏民族，这在雍和宫内的四体御碑亭中的“喇嘛说”碑中，显露无遗。

从雍和宫的殿堂设置看，有二进主殿，即雍和宫、永佑殿。其中雍和宫相当于一般寺庙的大雄宝殿，其内供有“横三世佛”与“脱沙”、“拨金”的十八罗汉。永佑殿原为雍亲王的卧室兼书房，雍正死后曾停灵于此，现今其内供有3尊白檀香木雕刻的佛像，各高2.35米，中间为无量寿佛，东侧为狮吼佛，西侧为药师佛。殿内后有一宝物，即传为乾隆皇帝的母亲钮祜禄皇太后为给雍正皇帝超度亡灵及自己祈福，花费了一年多的时间，使用了7000多块绸子补绣而成的巨大的补绣图——绿度母，精致细腻，堪称“补绣”之精品。此两殿前面东西两侧各有一座配殿，分别为讲经殿、密宗殿、数学殿与药师殿，为喇嘛

学习的场所，合称“四大学殿”，所以其内供奉的主佛皆为宗喀巴。

雍和宫寺内的后两进大殿，是雍和宫诸多的建筑中最为辉煌壮观的法轮殿和万福阁，其建筑及殿内文物都堪称精美绝伦。

雍和宫大殿内的法会场景

法轮殿始建于康熙三十三年（1694），原是一个 5 开间的建筑，为雍亲王府王妃那拉氏的内寝所在地。乾隆九年（1744）拆除了建筑，建成了现今的汉藏结合式的建筑——大经堂。这是一个面阔 7 间、进深 6 间的勾连搭式的建筑，共45个开间。在汉式歇山式大屋顶上有 5 个中间高、四角低的阁楼式的天窗建筑，且每个阁楼上都建有一鎏金的藏式喇嘛塔，不仅起到装饰的作用，且可以采光，是一颇具独创性的建筑设计。殿的正中供有 6.11 米高的宗喀巴鎏金铜坐像，在其背光处是其 5 个化身像。此像的表情堪称所有宗喀巴塑像中最为传神的佳作，其面部的两个若隐若现的酒窝，使得整个塑像显得格外慈祥可亲。在此尊宗喀巴的塑像前有一个仅高 40 厘米的释迦牟尼坐像，此像有两点需请游人注意：一是据说此像为纯金铸造，其二是此尊塑像的塑像风格很有藏式的特征，且头戴僧帽，身披通肩袈裟。这尊塑像虽然不起眼，却是法轮殿在 1924 年以前的供奉主像。宗喀巴像后琉璃阁内的五百罗汉山是雍和宫“三绝”之一，高 3.40 米，宽 3.45 米，系紫檀木雕刻成的。在山上原本应有 500 个用金、银、铜、铁、锡 5 种金属铸造的姿态各异的罗汉，可惜的是，这些罗汉历经灾难，只剩下 449 尊了。五百罗汉山的前面有一个小玻璃盒，其内收藏的是乾隆皇帝用金粉亲笔书写的《药师经》与《大白伞盖仪轨经》等两部藏文金字经卷。盒前的玻璃罩内是一只金丝楠木雕刻的鱼龙变化盆，因曾为乾隆生后三日洗澡所用，故又称“洗三盆”。

殿内的东西两侧的木架上分别放置着 108 部《甘珠尔》与 207 部《丹珠尔》。

法轮殿前的东西两侧有两座配殿对峙，东为五大明王护法神殿，俗称鬼神殿，其内供有大威德怖畏金刚、永保护法、地狱王、吉祥天母与财宝天王；西为八大菩萨殿，殿内正中供奉阿难、迦叶胁侍的“旃檀佛像”，两侧是文殊、弥勒、观音、普贤、大势至、虚空藏、地藏、除盖障等八大菩萨。这八尊菩萨就其造型而言，皆为面貌清秀的菩萨装“天男”立像，其区别只在肩上的小标识而已，需要仔细辨识。

万福阁是雍和宫寺内最大的建筑，又名万佛阁、大佛阁。乾隆十五年（1750），七世达赖为了感念清政府平定朱尔默特郡王的叛乱，并将西藏的军政大权全交给自己，不惜用珍宝从尼泊尔换来一根 26 米长、直径 3 米多的白檀木，并费时三年运抵北京，作为贡物献给乾隆皇帝。乾隆将之置于雍和宫的法轮殿后，雕刻成一尊大佛，再在佛像外面加盖万福阁，这也就是俗称的“先有大佛，后有雍和宫”的由来。

万福阁阁高 30 米，为三重檐歇山顶式建筑，顶铺黄琉璃瓦。东有永康阁，西有绥成阁，这两层楼阁式建筑与之同矗并列，并有飞廊式的悬空阁道与万福阁相连，形成一组风格独特、宏大的建筑群。阁正中矗立的那尊白檀木雕刻的天冠弥勒佛立像，为雍和宫“三绝”之一。像高 18 米，典型的菩萨装，半裸的上部饰满各种缨珞珠宝钏镯飘带。仪态庄重典雅，造型雄伟轩昂。此尊大佛虽然其高度并非国内最高，但作为一整根独木雕成的大佛而言，其不仅为国内之冠，而且在世界上也是称尊之作，已经被

※雍和宫

正式列入了世界吉尼斯纪录。在大佛的两旁是高3.9米的亿年海藻化石，因其上面均匀地布满了凤眼式的椭圆形长孔，故名“凤尾香”，堪称稀世珍品。

在万福阁前院东侧的照佛楼内有雍和宫“三绝”之一的另一绝，即楠木雕佛龛。这个佛龛分为内外3层，通体皆为楠木雕刻而成。所雕饰的图案为瑞云祥龙，整个佛龛上共雕有99条各式的盘龙，雕工精美，技艺精湛。在龛内正中供奉的是一尊高约2.5米的元代铜铸的“旃檀佛像”，旁侍高约1.5米的阿难与迦叶。说起来，这尊“旃檀佛像”原是从什刹海中打捞出来的，原来佛像的头顶上戴有钮祜禄氏专门为之打造的五佛冠，五尊释迦牟尼佛分别代表着东西南北中五个方向。佛的额上嵌有一毫光珠，佛顶上置有一把金伞，而且那顶五佛冠也是由七成金打造而成的。可惜的是这些宝物早已经被盗走了。

雍和宫弥勒大佛

木雕弥勒大佛，其中心是由一根完整的白檀木雕刻而成，地面以上高18米，地下埋有8米，巍然矗立在汉白玉石须弥座上。

雍和宫内除了号称“三绝”的文物以外，还有许多精美文物，诸如与北海团城的玉瓮、故宫中的九龙壁合称“北京三绝”的古铜鼎炉就矗立在雍和门之北的甬路上。雍和宫门前的铜狮子也是雍和宫的一件宝物，宝就宝在其独特的造型，乍看颇像一藏犬，实为外来色彩极为浓厚的狮子。如此造型的狮子在国内是独此一家，尚无二例。而御碑亭与雍和宫大殿之间的铜铸须弥山不仅是一件佛教天体宇宙观的立体模型，而且还是自然科学的宝物，在这件明代万历年间的铸品上点缀的星座分布图，竟然与现今天文学的研究成果相符，怎能不令人叹服古人那灵巧的手与睿智的目光！

雍和宫宏大奢丽的建筑、举世瞩目的文物收藏，使得它成为中外游客向往的旅游胜地。

七佛称尊的辽代大寺——奉国寺

位于辽宁义县城内的奉国寺是关外著名的古建筑，有「庙貌盛传关内外，工程直甲郡西东」之称。初名咸熙寺，后改称为奉国寺，当地人俗称「大佛寺」。

奉国寺始建的年代不详，但寺内现存的大雄宝殿则为辽代开泰九年（1020）的建筑。辽至元代的奉国寺规模宏大，所谓“法堂高敞”，“楹以千计”。但明清以后逐渐衰落，现今所存当年的主建筑只有大雄宝殿而已。

寺内的大雄宝殿高高耸立在高大的月台之上，为面阔 9 间、进深 5 间的单檐庑殿式建筑，高达 21 米。其建筑面积为 1280 平方米，与大同华严寺的大雄宝殿同是中国现存最大的辽金时期佛殿。大殿内的梁枋和斗拱之上还保存着飞天彩画和宝相花等辽代彩绘的原作，其构图的方法就是宋代《营造法式》中所说的“五彩遍装”，弥足珍贵。

殿内佛坛上有 7 尊坐式大佛，每尊佛像前都各有两尊胁侍菩萨，殿的东西两端还各有 1 尊天王，这些塑像皆为辽代泥塑彩绘的原作，虽经过了后世的装銮，但仍可看出原来辽塑的风格。殿内的这 7 尊大佛即小乘佛教中所提的释迦牟尼前的六位祖师，与释迦牟尼合称“过去七佛”。与大乘佛教认为恒沙世界有无数的佛截然不同的是，小乘佛教在空间上只承认现阶段释迦牟尼为唯一的佛，而在时间上则只承认释迦牟尼前有六位祖师。在奉国寺大殿内的这 7 尊大佛，自东向西依次为迦叶佛、拘楼孙佛、尸弃佛、毗婆尸佛、毗舍婆佛、拘那舍佛、释迦牟尼佛。据《长阿含经》中有关七佛记载，这七佛在时间上的排列次序，应是居中的毗婆狮佛为过去七佛中的第一尊，以下依次是尸弃佛、毗舍婆佛、拘楼孙佛、拘那舍佛、迦叶佛、释迦牟尼佛。与此相关联的是中间的毗婆尸佛高达 9.5 米，其余的虽比中间的略低，但也都在 8 米以上。虽然佛教将七佛说成过去的七位祖师，但除了释迦牟尼佛以外，其他的六佛都只是传说中的人物，影响也不大。因而，除了一些宋辽金时期的古刹中时见有七佛的供法以外，近世佛寺中已是颇为罕见了。

奉国寺内的大雄宝殿除了这些精彩的辽塑以外，在北门还有明代重塑的1尊倒座观音像，殿内的壁画为元代的作品。

奉国寺内的其他建筑，诸如山门、牌楼、无量殿等，皆为清代的建筑。可以说奉国寺的精华就集中在大雄宝殿，奉国寺也因此被列为首批全国重点文物保护单位之一。

辽宁奉国寺过去七佛

独乐寺的建筑有什么特色？

独乐寺始建于唐代，现存主体建筑山门和观音阁则为辽统和二年（984）所建，后经明万历、清顺治、乾隆、光绪各代彩绘重修。

独乐寺十一面观音

独乐寺位于天津蓟县城西门内，因寺西北有独乐水而得名。又因寺内塑大佛，别称大佛寺。另说因安禄山在此起兵反唐，思独乐而不与民同乐，故名独乐寺。

山门殿面阔三间，进深二间，殿顶为单檐庑殿式，五脊四坡形，古称四阿大顶，出檐深远曲缓，檐角如飞翼，是中国现存最早的庑殿顶山门；殿顶正脊两端为鸱吻，鱼尾翘转向内，是古代建筑中较早的鸱吻实物。山门上方“独乐寺”三字，传为明代严嵩手笔。山门殿内供四大天王塑像。

观音阁是独乐寺的主要建筑，外观两层，实为三层（中间有一暗层），阁内中间为空井；面阔五间，进深四间，上下两层中间设一暗层，梁柱接榫部位因位置和功能不同，共用斗拱24种，以建筑手法高超著称。观音阁结构复杂，技术先进，虽经多次地震，至今巍然屹立，是国内现存最古老的木构高层楼阁，也是研究中国古代木构建筑结构的重要范例。阁内中心须弥座上供奉巨大的观音立像，高达16.27米，为中国现存最大的泥塑之一。因其头顶塑10个小头像，故亦称“十一面观音”。两侧的胁侍菩萨和山门内的天王像等，亦为辽代彩塑珍品。1972年，阁下层剥出十六罗汉彩色画像，据考证画像创于元代，重绘于明中叶。十六罗汉均为立像，形体高于真人，他们神态各异，有降龙者，有伏虎者，有参禅者，有沉思者，有传道者，有礼佛者，无不生动有致。人物或高鼻深目，或浓髯龇牙，或面目清秀，或怒目圆睁，个性突出，形象鲜明。每位罗汉为一组，上方有罗汉梵文音译题名，旁侧多有重修信士题记，背后四周绘以有关此罗汉的事迹，形成独立的组画，而各组之间又彼此相关，构成整体壁画恢弘、磅礴的气势效果。全图线描勾勒，重彩设色，施以沥粉，人物轮廓较为清晰，颇富立体感，具有较高的艺术价值。

乾隆十八年（1753），独乐寺在寺前增砌照壁，为观音阁四角檐下加添支顶木柱，在寺东侧兴建行宫，寺内东西配殿亦为当时所建。独乐寺前100米处还有一座白塔，塔始建于辽，平面为八角形，通高30.6米，下部是密檐式，上部为覆钵式，是中国造型最为奇特的佛塔之一。独乐寺虽然规模不大，殿宇也不多，但却因拥有国内最古老的木构高层楼阁、巨大的观音泥塑立像、元代十六罗汉画像和造型奇特的佛塔而享誉全国。

独乐寺观音阁

承德外八庙的建筑风格有什么特点？

承德“外八庙”是环列于河北承德市避暑山庄东、北部山麓的一系列大型佛教建筑群的统称。

清康熙五十二年（1713）至乾隆四十五年（1780），清朝统治者为了团结蒙藏各族的上层人物，顺应蒙藏人民尊信黄教的习俗，在承德陆续兴建寺庙，由于建在京师之外，被清朝官方文献称做“外庙”，又因其中8座寺庙有朝廷派驻的喇嘛，归理藩院掌管，故而称做“外八庙”。

外八庙无论是建筑形式、园林风貌还是宗教艺术都融合了藏、蒙、汉等民族风格，清代诸帝常在这里接待蒙古和藏族的领袖人物。外八庙为溥仁寺、普乐寺、安远庙、普宁寺、须弥福寿之庙、普陀宗乘之庙、殊象寺和溥善寺。今溥善寺已不存，实为7庙。

溥仁寺是外八庙中兴建最早的寺院，建于清康熙五十二年，适值康熙60大寿，众蒙古部落奉行朝贺，建寺祝寿，康熙赐额“溥仁”。溥仁寺占地面积3.2万平方米，共有四进院落，南北中轴线上依次排列有山门、天王殿、大殿、后殿等主要建筑，东西两侧对称分布着钟鼓楼和配殿。第二进院落中有石碑两通，为满、蒙两种文字书写的康熙《御制溥仁寺碑文》和乾隆《诣溥仁寺》诗。溥仁寺是清廷的重要寺庙之一，每年皇帝到避暑山庄时都要到溥仁寺上香礼拜，举行法事活动。

普宁寺位于避暑山庄之北，建于乾隆二十年（1755），是仿西藏三摩耶寺的形制而建。因寺内供有巨大佛像，俗称大佛寺。普宁寺规模宏大，占地面积3.3万平方米，主体建筑分为两部分，前半部分为汉式建筑，后半部分为藏式建筑。大乘之阁是普宁寺的主体建筑，阁内供奉着千手千眼观音菩萨贴金立像，通高22.28米，腰围15米，由松、柏、杨、榆、椴五种木料雕成，重110吨，为国内现存最大的木雕佛佛之一。阁的东西两侧有妙严室和讲经堂，是皇帝听经和休息的地方。

安远庙位于避暑山庄东北部，建于乾隆二十九年（1764），因仿

新疆伊犁固尔扎庙的建筑风格，故又称“伊犁庙”。

河北承德外八庙远眺

普乐寺位于安远庙南面，建于乾隆三十一年（1766），主体为汉、藏两种建筑风格。其中作为普乐寺标志的建筑是坛城。城有三重围墙，最外层四面中间辟门，墙内有围廊一周。第二层墙上有雉堞，四周正中有拱门，正面拱门上有乾隆御笔“舍卫现祥”石匾，四角和中央各有琉璃喇嘛式塔1座。第三层为平台，台上为主体建筑——旭光阁。旭光阁为重檐攒尖顶圆殿，在外形上仿照北京天坛祈年殿的造型。殿内供奉胜乐王佛。殿顶藻井从外到里层层雕刻有孔雀、龙、斗拱、云朵、二龙戏珠图案，造型丰满，结构谨严，色彩富丽，具有很高的艺术价值。

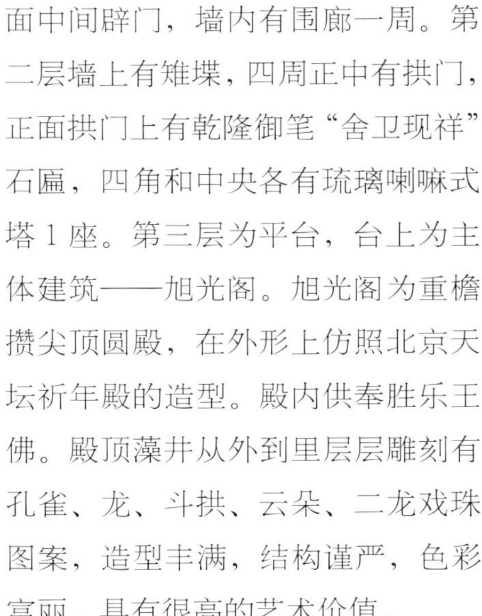

普陀宗乘之庙位于避暑山庄正北，建于乾隆三十二年（1767），是外八庙中规模最大的一座，系仿西藏布达拉宫形制而建，故有“小布达拉宫”之称。主要建筑大红台坐落在山顶，高约43米，外观7层，中部为万法归一殿，是举行重大政治、宗教活动的场所。

须弥福寿之庙位于避暑山庄北面，是仿西藏扎什伦布寺形制依山而建。全寺分为前、中、后三部分，以碑亭、大红台和琉璃万寿塔为各自的中心。寺庙外观为藏式，内部则多采用汉式风格，体现了汉藏建筑艺术的完美结合。

殊像寺是清廷的“家庙”，建于乾隆三十九年（1774），因仿五台山殊像寺而得名。为汉式寺院形制，建筑规制严谨，寺内风景秀丽，乾隆皇帝在避暑山庄时经常来此吟诗赏景。

承德八大庙作为汉、蒙、藏各族建筑艺术荟萃的建筑群，是中国各民族文化交流的结晶，也是清初繁荣昌盛的实证。

宋风流韵称四绝——隆兴寺

在河北正定县城的东门里街，有一占地6万平方米的佛教寺庙建筑群，那就是河北现存最大的古建筑群之一的隆兴寺，俗称大佛寺。

隆兴寺大佛

隆兴寺创建于隋开皇六年(586)，当时称龙藏寺，现今寺内所存的龙藏寺碑就是隋代遗物。宋初更名龙兴寺。开宝四年（971）宋太祖赵匡胤敕命在寺内铸造铜菩萨像，并大力扩建寺院，从而奠定了今日的规模。后世虽屡有重修，但宋代的形制及风格却相沿不改。清康熙年间更名为隆兴寺。该寺坐北朝南，平面呈长方形，在其南北中轴线上依次分布着寺内的主要建筑，即天王殿、大觉六师殿（遗址）、摩尼殿、戒坛、韦陀殿、大悲阁和弥陀殿等，建筑形式多样，布局严整，构成大小不等的院落。

在隆兴寺众多的建筑中，摩尼殿是一座形制颇为独特的古建筑。此殿又名五花大阁殿，其中央部分为重檐歇山顶，而四面正中各出山花向前的抱厦，斗拱硕大，翼角弧度圆润而微微上挑，极富动感。整体看来，摩尼殿虽为宋时的建筑，却又有明显的唐代的风格。殿内供有“华严三圣”等5尊金装泥塑佛像，其中释迦牟尼及两位弟子的塑像为宋代原塑。殿后南壁有明代悬塑须弥山，上面塑有罗汉、狮子、象等，位于中部的明代彩塑观音坐像姿态优雅，恬静祥和，毫无呆板之风。

中轴线后部的大悲阁旧称佛香阁或天宁观音阁，高33米，为五重檐三层楼阁，是寺内的主体建筑，原为一组极具宋代特色的宏伟壮丽的楼阁建筑群。可惜的是1944年

重修时，拆除了大悲阁两侧的建筑，将阁本身也缩小了三分之一，阁内的壁画也毁于一旦。阁内矗立着一尊高大的铜铸的大悲菩萨，即千手千眼观音，是奉宋太祖的敕命铸造的。在残毁的佛像座下，曾发现了“遇显而毁，遇宋而兴”的谶示，从而感化了宋太祖，故敕命铸佛。这尊佛像是中国目前仅次于扎什伦布寺内的铜铸弥勒佛的第二大铜菩萨像。可惜的是除主臂以外，另外的 40 只手臂皆已在清中期就被锯掉了。现今的菩萨手皆为木雕，其上裹布妆漆，而后贴上金箔，乃是 1935 年重修大悲阁时补安的，较之原来逊色不少。

在大悲阁月台东侧的龙藏寺碑是隆兴寺的又一绝。此碑系隋开皇六年所立，碑文的字体古拙遒劲，是汉隶向唐楷过渡时期的典型之作。王国维在《广艺舟双辑》中称赞此碑“此六朝集成之碑，非独隋碑第一也”。

至隆兴寺，切不可错过寺后部的毗卢殿。此殿原为正定县北门里崇因寺的主殿，建于明万历年间，由于原寺残毁殆尽，遂于 1959 年依原殿的风格迁建至隆兴寺的北端。殿内正中有一尊千佛绕毗卢的铜铸像，在莲花宝座的每一瓣莲花上，都铸有一尊小佛，三层莲花宝座上共铸有 1000 尊佛像；而每层莲座之上，皆铸有两两相背的 4 尊毗卢佛，分别面向东西南北。整个铜像由下而上，层层缩小，共计有 1012 尊大小不等的佛像。其构思之精妙，设计之独特，铸造之精美，都令人叹为观止，堪称铜铸艺术杰作。

隆兴寺不仅拥有诸如大悲阁的铜铸千手千眼观音、摩尼殿的彩塑观音、龙藏寺碑和千佛绕毗卢的铜像等“四绝”，还有许多珍贵的文物，正欢迎您去探宝呢。

隆兴寺摩尼殿

禅宗祖庭——少林寺

号称「天下第一名刹」的少林寺，其禅学、僧兵、武术的影响远及日本、朝鲜、美国、巴西等国，在国际上享有盛誉。

少林寺坐落在河南登封县西北13千米的中岳嵩山西麓，前临少室山，后倚五乳峰，风景险峻秀丽。据史书记载，496年，北魏孝文帝敕令修建此寺，以供印度高僧佛陀修行。因寺庙深藏在少室山密林之中，故名少林寺。南朝时禅宗鼻祖菩提达摩因与梁武帝语不投机，一苇渡江，北上洛阳而落脚少林寺，面壁观禅达10年之久。少林寺也因此而声名鹊起，有禅宗祖庭之誉。此后少林寺几经兴衰，最终形成占地宽敞，有7进院落的庞大寺院建筑群。

少林寺山门正门高悬“少林寺”金字黑漆方匾，系康熙皇帝的手笔。此匾原悬天王殿大门，天王殿被毁后，移置于此。在山门里的甬道上，鳞次栉比，高低错落地矗立着数百通石碑，号称“碑林”。寺内的殿宇前后也立有许多碑石，多为名家、名僧所书艺术珍品。碑林的尽头为天王殿，殿后为大雄宝殿的遗址，以及钟鼓楼。

新修复的六祖殿在鼓楼之北，殿内塑有禅宗六祖，即初祖达摩、二祖慧可、三祖僧璨、四祖道信、五祖弘忍、六祖慧能。在六祖塑像的正中间为观音塑像，从而构成了“六祖朝观音”的独特布置，堪称少林寺的特色。

与六祖殿相对的是紧那罗殿。紧那罗本为佛教护法神“天龙八部”之一的歌舞

少林寺石牌坊

少林寺习武壁画

乐神，男相则马首人身，女相则端庄秀丽，且能歌善舞。但少林寺所供奉的紧那罗却与之有着天壤之别，不是乐神，而是战神性质的护法伽蓝，寺内尊称之为“二辈爷”，或者“棍仙”。

殿内供奉有三尊紧那罗塑像，分别为紧那罗王的持法、护法、妙法法身。塑像的模样颇为怪异，发蓬须髭，怒目圆睁，袒胸露腹，赤臂跣足，系一齐膝短裤，手中握着烧火棍，一派武林中人的样子。而且在他的头上塑有一缕袅袅而上的青烟，一尊赤足的观音立于烟雾之上。这样塑像的紧那罗大概可以算得上是独此一家了。如此塑法是依据紧那罗王御红巾军的传说而形成的。在寺内白衣殿内的《紧那罗王御红巾》壁画可资佐证。紧那罗的形象虽然在中土变了样，却得到了寺内武僧的崇拜，被尊为“山门显武第一人”。

法堂之后为方丈室，因乾隆皇帝在此歇息，故又有“龙庭”之称。出方丈室，拾级而上到达的是达摩殿，又称“立雪亭”。佛教典故中的“立雪求法”与“断臂求法”即源于此。现今寺内的佛龛上供有达摩、慧可与弘忍塑像，龛上所悬“雪印心珠”匾额为乾隆的亲笔。为寺内僧人做法事的场所。

寺内最后一进建筑为千佛殿，又称毗卢阁，是少林寺历尽劫火而保存下来的最大的佛殿。殿内佛龛内供有高 3 米的毗卢佛铜像，殿东

少林寺塔林

端有一尊玉雕的阿弥陀佛像和达摩的脱沙像，皆为明代遗物。殿内的“五百罗汉朝毗卢”大型壁画为明代无名氏所绘，高 7 米，总面积达到 320 平方米，在水天一色的背景下，分为 35 组的五百罗汉姿态万千，极具传神之笔。画中勾勒轮廓的线条颇有“铁线”味道，极有“吴带当风”之感，堪称艺术珍品。

在千佛殿您一定要留意脚下，不然会错过少林寺最大的特色。少林寺以武学驰誉海内外，千佛殿就有其遗踪。在砖砌的地面上，有 48 个排列有序的陷坑，是当年少林武僧天长日久地在此习武练拳，留下的脚踏的浅坑。

千佛殿的左殿为白衣殿，殿内供有铜铸白衣观音像。因殿内南北山墙的壁画中绘有少林拳谱，又称拳谱殿。除了拳谱壁画以外，殿内还有“十三和尚救唐王”以及“紧那罗御红巾”等历史题材的壁画。十三和尚中领头的就是被寺内武僧尊称为“一辈爷”的昙宗和尚。

在少溪河北岸，是少林寺历代住持与高僧的墓塔群，俗称“塔林”，占地 2 万平方米，拥有唐至清代的墓塔 230 余座，如此保存完整、规模庞大的古代墓塔群是国内极为罕见的。

塔林以北1千米处有座初祖庵，为北宋宣和七年（1125）建筑，是河南省现存最古老、价值最高的木构建筑。此殿斗拱大，昂尾长，极好地利用了力学原理，解决了木结构建筑檐下压力大、檐角下沉的难题，历800余年，而殿的檐角整齐如初。古人建筑技巧之独到与高超，令人叹服。

由此向北，登上五乳峰，山上的达摩洞中外驰名。洞前有株古柏，相传为六祖慧能亲手所植。据传洞内石壁上隐约可见一个静坐的僧人，就是当年达摩面壁苦修禅功，日久影像印入山石所致。此石现已移至寺内，石上确有达摩肖像的轮廓。现今看来，石上的肖像当是古人用墨勾画，年久墨迹浸入石中，冲洗后仍留遗痕所致。演绎成今日的传说，想必当年绘像者也会抚掌大笑的。

少林寺还有许多胜迹，诸如钵盂峰上的二祖庵，近在咫尺而口味迥异的“卓锡泉”、炼魔台等等，不胜枚举。游人至此，定然不虚此行。

少林寺二祖庵

二祖庵建在距少林寺西约4千米处的少室山阴的钵盂峰顶，创建于北宋后期，是二祖慧可的后代弟子为了纪念二祖在此苦心炼魔、求得正果而修建的。二祖庵坐北向南，现存大殿一座，内供二祖慧可像一尊，称为二祖殿，为硬山式建筑，面阔三间，该殿是明朝重修时建造。

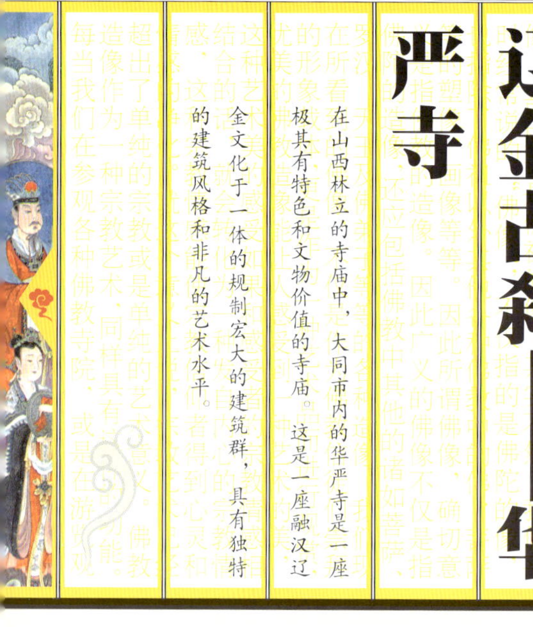

辽金古刹——华严寺

在山西林立的寺庙中，大同市内的华严寺是一座极其有特色和文物价值的寺庙。这是一座融汉辽金文化于一体的规制宏大的建筑群，具有独特的建筑风格和非凡的艺术水平。

辽代诸帝都信奉佛法，尤其是辽道宗更为突出。他在位期间，华严宗极为兴盛，清宁八年（1062）在西京（大同）兴建的华严寺就是这种风气下的产物。而且华严寺不仅是宗教寺院，还是“奉安诸帝石像、铜像”的皇室祖庙，其建筑规模之壮观与宏伟也就在情理之中了。

以后的华严寺几经劫难，而又几经重修。至明代中叶重修并补塑佛像以后，华严寺分为上下两个各成院落的寺院。历尽劫难，几经修缮，终成今日的规模。1963年上下寺又合为一体，统称华严寺，但实际上仍然是自成格局，且各有山门出入。上寺布局严谨有序，依轴线对称分布；中轴线上依次排列山门、过殿（前殿）、大雄宝殿；左右对称配置祖师堂、禅堂、云水堂等。下寺布局比较自由灵活，主要突出薄伽教藏殿，附属建筑有山门、南北

华严寺内景

配殿和天王殿等。

来到华严寺，就会发现此寺的朝向不同一般，其主要殿宇都是坐西朝东，而非坐北朝南。究其原因，就在于此寺为辽代所建，契丹人素有拜日的习俗，所谓“契丹好鬼而贵日，每月朔旦，东向而拜。”（《新五代史·契丹传》）辽的屋宇建筑都是东向，所建的寺院自然也是东向的了。

华严寺上寺的中心建筑为巍然矗立在4米高台基之上的大雄宝殿。此殿始建于辽代，金天眷三年（1140）重建，为面阔9间、进深5间的单檐庑殿式建筑，总面积有1559平方米，是中国辽金佛殿中规模最大的，也是中国现存两座最大的佛殿之一。此殿屋顶坡面舒缓，斗拱硕大，脊饰雄伟。其脊高1.5米，吻兽更是高达4.5米，而且北吻为金代原物（南吻经过明代补修），为国内古建筑中最大的脊吻之一。这座大雄宝殿的建筑年代虽然与北宋的建筑相同，但却透露出一种雄浑壮大的唐代风格。这个特点也是整个华严寺的特征。之所以如此，在于山西自五代后晋时起，就已经割属于契丹，因而未曾受到北宋新技术的熏染，而只是唐与辽文化风格交融的结果。

华严寺辽代彩绘木雕菩萨像

殿内正中的佛坛上端坐着3.1米高的五方佛，中间3尊为木雕，是明宣德二年（1427）住持了然和尚从北京摹造的。另外2尊及胁侍菩萨皆为泥塑。这5尊佛像的肉髻上有似桃状凸起的宝珠，且面相上宽下窄，有别于汉地寺庙内丰颐重耳的形象，却与藏式风格的造像有几分相通，个中原因还待探讨。在

下华严寺山门

佛坛两侧侍立的是姿态、神情各异的二十诸天。这些诸天塑像皆面向中央微微前倾 15 度，既有利于游人观瞻，又巧妙表达了对五方佛的顶礼膜拜。在殿内能明显感觉佛像前的空间十分宽敞，原来设计者为了扩大殿内空间，在殿内前部减去了 12 根巨柱。在如此开敞的木构大殿内减柱，国内仅此一家。

殿内的四壁绘满壁画，约有 890 平方米，为清末大同民间绘画大师董安所绘。壁画中有幅“七地九会”说法图，据说释迦牟尼成佛后，第一次讲经就是说的《华严经》，并且是在 7 个地方讲了 9 次方讲完，壁画表现的就是这个典故。华严寺的修建就是依此典故为据的。壁画与寺可谓相得益彰。此殿的壁画不仅沥粉贴金、色泽艳丽，而且保存完好。如此鸿篇巨制确为国内所罕见。

大雄宝殿东南的薄伽教藏殿即藏经楼，始建于辽重熙七年（1038），面阔 5 间，进深 4 间，单檐歇山式建筑。亦是坐西朝东，为典型的辽代的殿堂建筑。殿内天花藻井及佛像后的网目纹背光皆为辽代的原物。

殿内正中供奉宝相庄严的“竖三世佛”，其余的弟子、菩萨和供养童子分为 3 组，或站，或立，或蹲，分别环侍在三世佛的两侧，四角各立一尊护法金刚（一说为四大天王）。殿内共有 31 尊辽代泥塑彩绘像，皆为不可多得的珍品，其鲜明的个性、呼之欲出的神态、精湛细腻的雕工、流畅生动的气韵以及浓烈的生活气息，令人屏息而观，叹为观止。其中一位仪态万千的合掌露齿菩萨有“东方维纳斯”之誉，可见殿内塑像之精美绝伦。而且佛祖所坐的宝座也颇不寻常，为4层的莲花宝座，在每个莲瓣之上都贴有金佛像，别致堂皇。

更精彩的是殿内四周排列的38间重楼双门式壁藏。所谓壁藏就是存放经卷的橱柜，俗称藏经柜。弥足珍贵的是它在西壁后墙开窗处也未避开，而是在窗上用斗拱挑出精雕细琢的壁藏模型——天宫楼阁，并且用楼阁下面的拱桥与两侧壁藏相连。因此，后壁虽然5处开窗，但整个壁藏却延连不断，上下勾连，浑然一体。壁藏上层为佛龛，下层为经橱，均精镂细刻，异常精致。龛上顶为歇山式，鸱吻俱全，檐下的斗拱为目前所知辽代斗拱中最为复杂的，而且在勾栏的束腰华版上，镂刻有37种几何图案，是极为罕见的辽代小木作。壁藏反映了辽代木作工艺的高超水平，梁思成教授在1993年考察华严寺时称之为“海内孤品”，其艺术价值之高可见一斑。

下华严寺梵王宫

再现「伽蓝七堂」古制的晋北名刹——善化寺

山西大同是辽金时期的陪都西京，存留了许多当时的文物古迹，大同城南门的善化寺就是其中比较著名的一处。

善化寺俗称“南寺”，始建于唐开元年间，称开元寺。五代后晋时改称大普恩寺，辽末毁于兵火。金天会六年（1128）在圆照和尚主持下重建，明正统年间改为今名，是官吏演习礼仪的场所。寺坐北朝南，沿中轴线依次分布有天王殿（山门）、三圣殿（过殿）、大雄宝殿。在大雄宝殿的东西两侧是文殊阁与普贤阁，均为面阔3间的方形重檐的楼阁式建筑，但东边的文殊阁已毁。全寺保持着明显的唐代布局风格，是典型的“伽蓝七堂”式建筑群。其中寺内的大雄宝殿是辽代遗留建筑，金代重修，其余皆为金代的建筑。全寺殿宇宏大，布局严谨，规制壮丽，是中国目前保存最完整、规模最大的辽金寺院建筑群。1961年被公布为全国重点文物保护单位。

善化寺的天王殿实为山门，面阔5间，进深2间，单檐庑殿式建筑。此殿的建筑结构比较奇特，斗拱相叠，形制美观，有明显的南方建筑特色，却又殿宇宽敞，十分壮观，是国内现存金代佛寺中最大的一座山门。殿内左右两次间供奉的四大天王为明代彩塑，顶梁踏地，雄伟高大。

三圣殿俗称过殿，为面阔5间，进深4间的单檐庑殿式建筑。殿前月台宽大，有370平方米。整个建筑融合了宋辽建筑的特点，堪称金代初期建筑的代表之作。尤其是殿檐下的斜拱，形如怒放的花朵，呈60度角斜出，壮观硕大，是金代斜拱中最为华丽宏大的。殿内只有四根巨柱支撑着殿顶，又因殿顶是没有天花的“彻上露明造”，因而显得殿内分外开敞空阔。殿内供奉的是“华严三圣”，为金代原塑，虽然经过了清康熙年间的重妆施彩，但金塑风格犹存。在殿内有一块极负盛名的巨碑——《大金西京大普恩寺重修大殿记碑》，碑文为南宋朱弁撰书。朱弁是南宋派至金国议和的通问副使，被金扣留达14年

之久，始终不屈。其被扣地点就在善化寺，所以此处才留下了他所撰书的碑文。

大雄宝殿坐落在善化寺后部高3米的台基之上，为面阔7间、进深5间的单檐庑殿式建筑，殿前的牌楼和钟鼓亭为明代万历年间增建。大雄宝殿内的中心八角平拱藻井十分壮观，为层层叠收的攒尖式结构，是辽代木构杰作，而藻井中心的龙凤彩绘为明代补加。殿内正面2.8米高的莲台之上，是4.05米高的五方佛，正中为毗卢遮那佛，两旁侍立的是阿难与迦叶。塑像及各种饰物皆为辽代遗物。东西两壁砖台上的塑像为金代彩塑二十四诸天。在国内众多的二十四诸天塑像中，善化寺的塑像称得上是比较精彩的。塑像的造型中既有温雅的文官，又有威猛的武将、娴丽的贵妇，其原型显然是取自现实生活，因此极富生活气息。其中大殿东侧的鬼子母和六臂日宫天子的神像尤其精彩。鬼子母高3.66米，是雍容华贵的贵妇形象，在她的左脚稍前的部位，有一青面红发的丑陋矮小女鬼，据说是鬼子母皈依佛法之前作恶时的形象，两相映衬，美则愈美，丑则更丑，古代匠人的艺术构思确是别出心裁。大雄宝殿西侧的普贤阁结构与应县木塔十分相似，是大同地区仅存的辽金楼阁。

在善化寺的西跨院，有五龙壁，原为大同南门外的兴国寺前照壁，建于明万历年间，1980年拆此旧壁重建，这也是善化寺又一好景观。

善化寺善贤阁

为什么说悬空寺是建筑史上的奇迹？

悬空寺位于山西省浑源县城南5千米的恒山下金龙口西崖峭壁上，背依恒山西峰翠屏山，凿石为基，就崖起殿，惊险奇绝，独具一格，为「恒山十八景」之首。

据《恒山志》记载，悬空寺始建于北魏晚期（约公元6世纪）。此后，金、明、清三代均有重修。这一建筑史上的奇迹充分体现了中国古代建筑设计师的奇思妙想，它是在陡崖间凿洞插悬梁为基，楼阁之间以栈道相通而构成的一座悬空寺院。整座寺院背西面东，共有大小楼阁殿堂40余处，供奉各种铜铸、铁铸、泥塑、石雕佛像80余尊。

悬空寺建筑分为三层。人们从南向北进入寺院的山门，进门后首先看到的是一个长方形的院子，山门两侧两座方形耳阁为钟鼓楼。迎面是一座双层楼阁，是依西面崖壁构建的一座两层楼阁，上层设有如来殿、太乙殿和关帝殿，下层为祈祷的佛堂。楼阁两侧又各建有一座悬空突出、相互对称的耳阁。从院子北侧攀援悬梯走出，便来到中间有木栈道相通的两座三层悬空楼阁。楼阁紧贴在呈90度垂直的崖壁上，仅凭悬插于陡崖洞眼中的立柱支撑，其势险绝，令人叹为观止。楼阁主要为三圣殿、三官殿和三教殿三组建筑。其中三圣殿供奉释迦牟尼、文殊、普贤三位佛教神祇，殿内佛像正襟危坐，两旁弟子拱手侍立；三官殿是奉祀道教之所，供奉道教天官、地官、水官三位神祇，殿内几座塑像都是墨面乌眉，衣袖带风，似有飘飘欲仙之势；三教殿是全寺最高的

悬空寺

建筑，为三层檐歇山顶九脊。殿内奉祀儒家之祖孔子，道教之祖老子和佛祖释迦牟尼像，可谓集中国封建社会的宗教信仰和思想文化之大成。释迦牟尼像居中，老子像在左，孔子像在右，神态各异，艺术手法精湛。另外，人们从悬空寺山门而入，爬石梯，钻洞窟，穿回廊，过栈道，几经曲折，方可至顶，其间可见多处崖壁间镌刻的古人题咏。

悬空寺近景

中国佛教寺院建筑大多采用传统院落式布局，主要设计思想是强调寺院内各建筑单元的组合呼应以及寺院自身的整体性效果，其形制通常有廊院式、纵轴式和自由式等，而悬空寺的建筑造型可谓独一无二，充分展示了中国古代建筑设计者的巧妙构思和工匠们巧夺天工的高超建筑技艺，不仅在中国佛教寺庙建筑中别具一格，标新立异，同时也是中国建筑史上的一大奇迹。相传当年唐代大诗人李白慕名前来，惊叹之余，感到文字难以悉数描述这座中国佛教名寺的惊险奇绝，唯留“壮观”二字，以略表悬空寺带给自己的视觉冲击力。

龙华寺为什么有「弥勒道场」之称？

龙华寺位于上海市西南上海县龙华镇北，东临黄浦江，与市区毗连，为上海近郊著名风景区。

对于龙华寺始建年代说法历来不一。一说创建于三国东吴赤乌（238 ~ 250）年间，一说创建于唐垂拱三年（687）；又据宋、元地方志书记述，称其为五代时吴越王钱俶所建。据佛教界和有关学者考证，龙华寺应始建于三国东吴赤乌年间，唐垂拱三年重建。北宋治平元年（1064）龙华寺曾更名为空相寺，现在寺内尚保存有空相寺西南角界石石刻。历史上龙华寺曾多次毁于兵燹。明永乐年间再度重建，复称龙华寺。清嘉靖三十二年（1553）赐名万寿慈华禅寺，万历年间赐毗卢佛像、金印等，位列天台宗十刹之一。相传清顺治年间，临济宗第三十二世韬明禅师任住持时曾扩建殿堂，今寺内花苑仍保存有其墓塔。清咸丰、同治年间又遭兵燹，后经僧观竺等募化修复，从光绪元年至二十五年（1875 ~ 1899）又行重建。现存建筑为清光绪年间重修的规模。

龙华寺千手千眼观音

龙华寺坐北朝南，主体建筑有山门殿、天王殿、大雄宝殿、三圣殿和方丈楼，东西两路附属建筑有钟鼓楼、罗汉堂和客堂等，是一组完整的五进院落建筑群。新中国成立后，1957 年和 1979 年两度全面整修，古刹重光，海内外朝拜观光者甚众。

龙华寺内钟楼所悬铜钟重约 1 吨，为龙华寺一处重要景观，每当春节的前夕，人们多到此击钟贺岁。罗汉堂内有五百罗汉塑像，塑工精致。

龙华寺前的龙华宝塔，相传建于三国东吴赤乌十年（247），是孙权孝敬父母亲而建，故又名报恩塔；但另据史料考证，认为可能建于北宋太平兴国二年（977），现存塔基和塔身部分均系北宋遗物。即便是建于宋代，距今也有一千多年的历史了。龙华寺虽数度被毁，但古塔幸未殃及。明清两代，曾先后大修。20世纪初亦曾一度改建，由于设计有失水准，与古塔原貌大相径庭，减色不少。1954年经古建筑专家勘查设计，又重新修建，使之恢复了宋代建筑的风格。今塔为砖身木檐的楼阁式塔，平面呈八角形，共七层，通高40.4米；内室为方形，底层高大，往上层层收缩，有木制楼梯可上达塔顶；塔外每层均有平座、勾栏、飞檐翘角；塔檐和平座之下，有斗拱层层挑托，塔顶有铁制的覆钵、露盘、宝瓶和相轮。整座古塔造型优美，玲珑秀丽，为黄浦江畔平添一道亮丽的风景线。

此外，龙华寺还以桃花驰名，素有“柳绕江村，桃红十里”之美誉。今日龙华寺及其周边地区有被辟为龙华风景区，被称为“龙华三绝”的古塔、宝刹和桃花成为著名的旅游观赏景点。

龙华寺外景

寒山寺与寒山、拾得两位高僧有什么渊源？

寒山寺坐落在江苏省苏州西枫桥镇，其霜月钟声是古城苏州典雅风貌的极好写照。

寒山寺始建于南朝梁天监年间（502～519），初名“妙利普名塔院”，相传唐贞观年间天台山高僧寒山、拾得曾来此寺并任住持，故更名“寒山寺”。据《宋高僧传》卷十九载，寒山为中国唐代僧人，自称“寒山子”，或“贫子”，住天台山寒岩石隙中，以桦皮为冠，布襦木屐。据传他常跑到各庙中，“望空噪骂”，众和尚轰他，寒山便哈哈大笑而去。平素喜与群童嬉戏，尤与国清寺僧人拾得甚为友善，二人常在一起吟诗唱偈，并题诗于山林间。寒山诗语言浅显易懂，亦庄亦谐，针砭时弊，反映世态炎凉，是在中国文学史上有重要地位的白话诗，后有《寒山子诗集》传世，拾得诗附于其后。清雍正帝敕封寒山为“和圣”，拾得为“合圣”。民间则奉二人为“和合二仙”，现寒山寺大殿旁有寒山、拾得佛像堂，二尊神像为木雕金身，寒山手捧一盒，拾得手持一荷，二人相视而笑，造型古朴。

寒山寺在历史上曾多次毁于战火，现存建筑为清末重建，主要有山门、大雄宝殿、藏经楼及罗汉堂、钟楼、枫江楼、碑廊等建筑。钟楼是寒山寺游人必至的地方，使寒山寺名传千古的大钟就悬挂在这里。唐代诗人张继在《枫桥夜泊》中抒写寒山寺的清美意境：“月落乌啼霜满天，江枫渔火对愁眠，姑苏城外寒山寺，夜半钟声到客船。”这曲千

寒山寺乾隆御笔《心经》碑和梵音阁

寒山寺影壁

古绝唱使张继一举成名，也使寒山寺留名千古。

现寺内存有清末俞樾书《枫桥夜泊》碑，清画家罗聘所绘寒山、拾得画像石刻。此外尚有宋人书《金刚经》及岳飞、唐寅、康有为等名人墨迹石刻数十方。明代嘉靖年间曾铸巨钟，后流入日本，清末重建寒山寺，日本人士摹铸唐式青铜乳丁钟送归，现悬于大殿左侧，殿后钟楼上还有清末所铸大钟一口。

寒山拾得图为佛教题材绘画，有以下几种版本传世：

1.《寒山拾得册》一幅，明徐渭绘，图右中部署名“天池”，钤“天池山人”印一方，册页，洒金笺本，故宫博物院藏。图上绘唐代天台山僧人寒山、拾得醉卧树石之间的情景。画家以极为简略的笔墨，表现两位僧人放荡不羁、我行我素的品格。一僧枕扫帚而卧，一僧伏在石上而眠，二僧洒脱不羁，旁若无人。

2.元颜辉作，图上绘唐代僧人寒山、拾得二人游戏风尘的形象，“禅”味甚浓，册页，纸本墨画，藏日本东京国立博物馆。画家用笔简略，无任何环境衬托，只有二僧，一作打拱作揖状，一作手拄扫帚状，皆嬉戏而笑，造型古朴，表情滑稽。画家在人物褴褛的外表下描写了他们不平凡的性格和丰富的精神世界。

汉西一境有罗汉——归元寺

归元寺位于武汉市汉阳区翠微路西侧，为武汉四大丛林之一，建于清顺治十五年（1658）。

虽然就建寺的历史而言，归元寺不算悠久，但其名气却很是不小，尤其是海外盛誉有增无减，在中外文化交流中占据着重要的地位。1983年，归元寺被列为全国重点寺院。

归元寺的布局颇有特色，并非像唐宋古寺那样轴线对称的格局，而是处处透露出园林的气息，颇有几分散居合成的意味。原来此寺的前身为明末王章甫的葵花园，顺治十五年（1658）捐给德明禅师建寺。三年后寺成，取《楞严经》“归元无二路，方便有多门”之意，定名归元寺。以后屡遭兵火，但屡毁屡建。现存的建筑系同治三年（1864）、光绪二十一年（1895）及民国初年陆续兴建的。寺院的山门及殿堂皆朝向东，但建筑物却由南向北逐次侧进，整个寺院由北中南三个特色各异的院落组成，其间时时透露出陆续添建的痕迹。而且寺院的院落之间环绕着茂林修竹，极富南方水乡的宜人特色。

归元寺的山门上悬有一“归元古刹”匾，系中华民国临时大总统黎元洪手书。进门后就是韦陀殿。此殿的布局十分有特色，殿内供有大肚弥勒佛，取皆大欢喜之意；而殿外放生池栏板上的浮雕图案为太阳、杨柳、羊，谐取“三阳”之音，寓三阳开泰之吉祥。殿内外联系起来，就是“入门见喜，出门见三阳”，寓含了祈求吉祥如意、多福多寿。

归元寺的正殿是俗称“大殿”的大雄宝殿，殿内正中供奉的是释迦牟尼，其背后为海岛观音。虽然殿内的佛像设置并未突破俗套，但殿内有两点值得注意。一是佛前的供桌。这是一件难得的艺术珍品。在供桌的垂栏上，分五格镂空刻画着一幅《唐僧取经归来图》。这幅图场面宏大、人物众多、构思精巧，既有唐僧师徒取经归来在大雁塔译经著述的场景，更有京师万民空巷观瞻的盛况，还有唐太宗携同文武盛宴接风的景象，称得上是一幅人间万象画卷。垂栏下沿为五龙在云彩缭绕中翻腾戏珠，另外支地的虎形柱脚也是独具匠心。这幅浮雕图是尼建元偕同九位匠师，在一块长3.6米的整樟木上，耗时一年精雕细琢完成的。二是海岛观音群塑的艺术构思十分精巧。群塑呈30度角倾斜，使之俯临。如此设计，使得塑像更具悲悯人间的感染力。同时，设计者还巧妙地解决了塑像前倾所造成的立基不稳的问题，使之自清顺治十八年至今仍完好无损。

北院的主体建筑是高25米的藏经楼，这是1920年建造的仿唐歇山式2层5开间的建筑。整个建筑造型古朴大方，涂彩绘朱。楼内珍藏着许多佛教文物，有一些甚至是绝代之作。楼中所收藏的历代佛教造像，其范围之广、品类之多、跨越时间之长，都是国内少有的。而藏经楼收藏的佛经更是美不胜收。其中清藏印馆刊印的7200卷《龙藏经》极为壮观，其中的1335卷为唐玄奘所译的梵褶本，至今完好，堪称稀世珍宝。《华严经》和《心经》是由清光绪元年湖南衡山69岁的李舜年老人所做，原文中的5424个字，他在一个6寸方纸上，组成了一个“佛”字，组成佛字的小字只有在30倍的放大镜下才可看清。

归元寺山门

民国初年的武昌僧人妙乐每日清晨刺血和金粉，耗时十年，抄写了《华严经》与《法华经》，可以说是虔诚与艺术的结晶。

南院的主体建筑是罗汉堂。归元寺的罗汉堂是中国佛寺罗汉塑像中的精品，所谓“上有宝光（成都），下有西园（苏州），北有碧云（北京），中有归元”，讲的就是以罗汉称雄宇内的四大佛寺。归元名列其中，可见其地位。

归元寺的罗汉堂建于顺治年间，同治、光绪年间重修。殿内的佛像排列布局颇具匠心。迎门一组由笑弥勒与护法韦陀组成，中间一组由阿弥陀佛与千手千眼观音组成，最后一组是西方三圣，3 组佛像的周围为五百罗汉的群塑。为了巧妙安排这些罗汉，罗汉堂的建筑是由四个小天井构成的“田”字形的格局，而五百罗汉也依“田”字形排列。如此布置，不仅采光、通风合理，而且在禅堂内安置了如此之多的塑像后，仍毫无拥挤杂沓之感。

罗汉堂更值得称道的是其塑造技术。归元寺的罗汉是由来自雕塑之乡湖北黄陂的王氏父子，耗时 9 年精心塑造的。他们在南岳衡山祝圣寺石刻拓本五百罗汉的基础之上再加工创造，采用了“脱胎漆塑”的技术，即先塑好泥胎模型，再用葛布生漆逐层地贴沾套塑，再去掉

归元寺放生池

泥胎，最后再装饰金粉。如此塑出的罗汉像质坚体轻，防腐耐潮，而且经久不变形。1954年武汉大水，淹了归元寺，罗汉堂内的罗汉满堂漂浮。但洪水退后，罗汉竟完好无损。民间因此有“五百罗汉洗过澡”的说法。看来这不是罗汉的道行深，而是王氏父子技术高超。如此杰作在国内外享有盛誉也是理所当然，新加坡总理李光耀、日本首相中曾根来寺参观时，对此都大加赞誉。

归元寺观音像

罗汉堂内罗汉的造像多姿多彩，生动有趣，极富艺术感染力。有的盘腿端坐冥思苦想，有的卧石观天若有所思，有的研读经卷如醉若痴，有的掏耳挠腮怡然自得，有的斩妖驱魔处处透露出“力”的雄浑，有的嬉戏玩耍若天真顽童，有的憨态可掬令人捧腹，真是惟妙惟肖，入木三分。尤其是第463尊的飒陀怒尊者，其四周塑有6个幼童对罗汉在做挖耳朵、掩嘴、遮眼、捏鼻等行为，俗称“六贼戏罗汉”。所谓六贼就是指眼、耳、鼻、香、身、意，亦即各种俗念与凡情。这尊塑像将罗汉的憨态与幼童的天真刻画得极其传神。

到了罗汉堂，您一定要玩一玩数罗汉的游戏。据寺僧讲，到寺参观的人任意挑选一尊罗汉，依次向下数完自己的年龄，那最后的一尊罗汉的身份、表情与动作，就昭示着数罗汉者今后的命运。虽说此属无稽，但却为肃穆的殿堂平添了几分情趣。有时，佛寺与道观常常有一些相通的习俗，看来这都是不能脱俗的缘故吧。

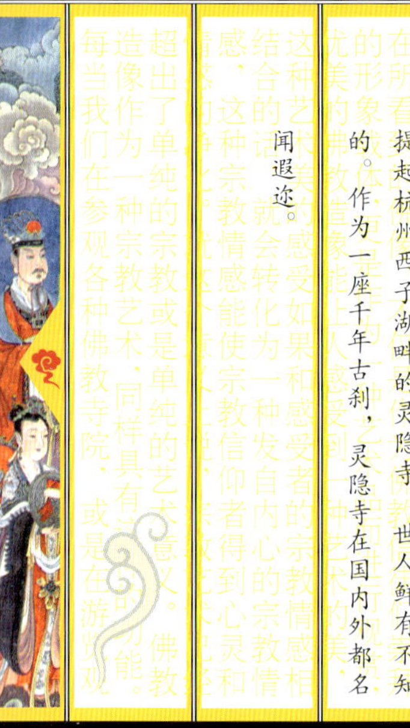

西湖四大丛林之冠——杭州灵隐寺

提起杭州西子湖畔的灵隐寺，世人鲜有不知的。作为一座千年古刹，灵隐寺在国内外都名闻遐迩。

灵隐寺始建于东晋咸和元年(326)，当年创建此寺的印度高僧慧理认为“飞来峰”为不知何时飞来的天竺灵鹫峰的小岭，而佛在世时多为仙灵所隐，现今只见一岭，莫非是仙灵又使仙法将其全貌隐去了？故以灵隐名寺，意思是此寺就是天竺胜境，为佛祖所居。此后历经14次兴毁，至清朝达到极盛，康熙、乾隆曾10次巡游此寺。值得注意的是灵隐寺虽是千年古刹，但是建筑都是近代重建，其中最为壮观的是天王殿、大雄宝殿，国内少见。

天王殿：面阔7间，进深4间，为单层重檐歇山式，高22米。奇怪的是上檐匾额书写的是“云林禅寺”，而非“灵隐禅寺”。相传康熙皇帝巡游至此，有感于寺景之幽静，借用杜甫“江汉终我老，云林得尔曹”的诗句所题。此匾悬此已经300余年，灵隐寺并未因此改名，可见皇帝的权威也是可以打折扣的。殿内塑像除韦陀塑像为一整块香樟木雕成的宋代遗物外，弥勒佛、四大天王都是近年新塑的。

大雄宝殿：原名“觉皇殿”。明万历十一年第四次重建时改称大雄宝殿，并且建筑仿唐代样式。清宣统二年重建时再度扩大，为单层重檐

灵隐寺大雄宝殿

歇山式，面阔7间，进深6间，高33.6米，为名刹大雄宝殿之冠。建国后为根本解决白蚁蛀腐，全部换成钢筋混凝土结构，并且对殿内佛像重新贴金彩绘。现今殿内供奉的释迦牟尼佛像是1956年以唐代禅宗著名雕塑为蓝本，用24块香樟木雕成的，通高16.6米，是中国最大的木雕坐式佛像，据说雕成后一次贴金即用去黄金60余两。佛背光中塑有7尊小佛，为佛的祖先及其本身。佛祖两侧是身高3米的二十四诸天。大殿后下壁坐的是释迦牟尼弟子“十二圆觉”的塑像。释迦牟尼塑像背后为“五十三参”海岛群塑，高宽各20米，共塑有150个人物。其中特异之处是有济公、疯僧的塑像。右边手拿破扇的是俗称济公的“济颠”和尚，灵隐寺是他出家及悟道的地方，故此地有他的佛位；左边手持扫帚、通身墨黑的就是大义责打奸相秦桧的“疯僧”。人们将其在此供奉，以示钦佩之情。

灵隐寺

大殿东西庑廊中的“云林藏室”中珍藏着西湖著名寺院历代保存下来的部分佛教文物及宋代由缅甸赠送的观音玉佛像、清代竹禅和尚画的济公像、十八罗汉拓片等。其中竹禅和尚画的济公简直将人画活了，尤其是那双眼的眼神能随人移动，真是绝了。

此外，大雄宝殿前有一对北宋初所建仿木结构的石塔，上面雕满菩萨、佛经。天王殿前有一对原属五代时吴越国王钱氏家庙的经幢，北宋时迁此。它们的文物、历史价值都极高。

灵隐寺景幽、物华，真可谓“武林山水自天开，牵率游人往复回”，这座千年古刹，正以其博大的胸怀迎接着八方游客。

为什么保国寺有「江南古建精华」之称？

浙江宁波西部洪塘北，层峦叠嶂、松翠涧清的灵山山腰，有一座千年古刹——保国寺。

保国寺创建于东汉，初名灵山寺，唐僖宗时赐名“保国寺”，北宋时一度改称“精进院”，后复名保国寺而相沿至今。保国寺坐北朝南，依山就势，占地8000平方米，中轴线上依次分布有天王殿、大雄宝殿、观音殿、后殿、藏经阁等建筑。整个寺院用垣墙分隔成三部分，与众不同的是钟鼓两楼被分别隔入东西两院，这种布局在佛教寺院中是极为罕见的。在所有建筑中，只有大雄宝殿为宋代遗物，其他皆是清康熙以后重建或增建物。

大雄宝殿是寺内主体建筑，重檐歇山式，建于宋大中六年(1013)，是江南现存最古老的木构建筑。面阔11.91米，进深

保国寺建于唐代的石经幢

13.35米，形成进深尺度大于面阔尺度的特殊样式。这种设计不仅在宗教建筑中绝无仅有，世俗建筑中也是罕见的，这是保国寺的第一绝。大殿内的柱子也很绝，并非粗大木柱，而是由多根精巧的小圆木组合成的造型古雅、经济实用的瓜楞柱。更绝的是这座木构大殿竟看不见一根大梁，被称做“无梁殿”。

原来此殿梁袱成月梁形，斗拱采用重抄双下昂单拱造，以至于看不见大梁。真称得上是“生斗昂拱人巧极”！虽然此殿历代多次修缮，但北宋时的建筑风格始终未变。

除此三绝之外，保国寺大殿的用料也是一绝。它不仅使用松、杉、

榆木，最特殊的是使用了黄榛木，这种木材能散发出一种带有刺激性的香味，使蚊虫、禽鸟不敢靠近，免除了蛀蚀及破坏，这也是这座奇伟大殿屹立千年而风采依然的奥秘所在。拥有如此四绝的大雄宝殿，岂能不是中国古代建筑的精华！这座大殿在中国古代建筑艺术发展史上也有其一席之地。作为存留至今珍贵的实物资料，它对于研究宋代木构建筑及艺术的发展演变的价值是不可估量的。为此，它在1961年就被列为全国重点文物保护单位。

保国寺不仅建筑一流，还有着世界闻名的珍贵藏品，其中最负盛名的就是“宁波花轿”。这个花轿制作精细，人物雕像众多，且栩栩如生，需要耗时万工，所以又称为“万工轿”。除此之外，青铜器陈列馆内，还陈列着青铜孔庙礼器和铜佛像，均是清同治年间制造。孔庙礼器中有16只青铜编钟、14块编磬、2只特钟以及象尊、牛尊、簋、爵杯等。编钟看似大小一样，其实不然，厚薄各异，声色也各不相同，演奏起来悦耳动听。

保国寺寺内的景色也十分清幽，天王殿、大雄宝殿前皆有水池，其后池为“一碧涵空”的荷花池，更是平添秀美。

寺绝、山峻、水碧、境幽的保国寺确是一难得的世外桃源！

禅宗古刹天童寺的建筑有什么特点？

天童寺位于浙江宁波市鄞县东的太白山东麓，是一座历史极为悠久的禅宗的十方丛林。

天童寺创建于唐代开元二十年（732），宋代时即被列为禅宗五大寺院之一，明代御封为“中华禅宗五山的第二山”，清代名列“禅宗四大丛林”。现今为全国重点寺院，声势之显赫可以想见。

天童寺藏经阁

更值得一提的是，天童寺还是日本佛教曹洞宗的祖庭。天童寺是禅宗曹洞宗的大本营，宋代时日本僧人荣西与道元曾先后到此求法，回国后创立了日本佛教三大流派之一的曹洞宗。因此日本的曹洞宗视天童寺为自己的祖庭。

据《天童寺志》记载，此寺最早的历史可以追溯到距今1700多年的西晋时期，义兴祖师草创精舍，后逐渐发展为寺。相传有太白金星化成的童子来助义兴，因而山以太白名，而寺以天童名。此寺址原在东谷，唐至德二年（757）迁到现址而大加扩建。曾名天童玲珑寺、天寿寺、景德禅寺等，明代初年正式改为天童禅寺。从唐至清代，此寺几经荣枯，现存的建筑多为清代重建的遗物，但规模及气魄不减当年。

天童寺的建筑布局风格是依山就势，层叠递进升高，并且十分讲究风水取势的高低错落。在中轴线上依次分布着放生池、七塔苑、内放生池、天王殿、佛殿及后殿（上为藏经楼，下为法堂）等，多为规模宏大的重檐歇山顶式建筑，雕梁画栋，翼角飞檐，蔚为壮观。在中轴线以西有佛祖殿、选佛场、禅场及大鉴堂等，以东则为钟楼、御书楼与御碑亭等。占地近 6 万平方米，是国内颇为罕见的宏大建筑群。

在殿宇之内供奉的诸多佛像多体态高大雄伟，其中佛殿中的三世佛塑像通高为 9.38 米。

在天童寺的建筑中，位于佛殿（大雄宝殿）东南的钟楼是一座比较特殊的建筑。这是一座三重檐歇山顶式建筑，建于明永乐十五年(1417)，高达 20 余米，称得上是寺庙中的钟楼之冠。有心人可能已经留意此寺只有钟楼而无鼓楼。这并非是遗漏，而是天童寺讲究风水所致。据《天童寺志》记载，“钟楼在佛殿东廊外，高与天王殿对峙，欲建鼓楼，已庀村鸠工矣，以形家（风水堪舆学家）言以止。”由此可见，只置钟楼乃是趋吉避凶所致。

天童寺不仅殿宇宏大，而且珍藏着许多有价值的文物，诸如宋碑、竹禅画、千僧铜钵、八指头陀石刻画像等。

天童寺周围风光也十分旖旎迷人，素有天童十大胜景及十小丽景之称。北宋王安石任鄞县县令时，曾赋诗称颂天童山美景为“山山桑拓绿浮空，春日鹂啼谷口风。二十里松行欲尽，青山捧出梵王宫。”

天童寺万工池

阿育王寺的舍利殿是一座什么样的建筑？

阿育王寺位于浙江宁波市鄞县宝幢镇，古有“天童寺是九龙捧珠，阿育王寺是五凤朝阳之地”的说法。

据说阿育王寺是公元前 3 世纪印度阿育王所造的 8 万 4 千座佛祖真身舍利宝塔中的一座，而且是在中国境内建造的 19 座中唯一幸存下来的，其珍贵可以想见。

阿育王寺始建于西晋太康三年（282）。当时有位法号慧达的僧人刘萨诃，立志要寻找阿育王分送天下“八吉祥六殊胜地”的佛祖真身舍利宝塔，最终在此处的地下寻到一座。于是他便在此建造精舍，守护舍利塔。以后历代逐渐加以扩建，到南朝刘宋元嘉十二年（435）初具规模。梁普通三年（522）再度扩建，并赐名“阿育王寺”，北宋改称广利禅寺。明代初年定名“育王禅寺”，俗称阿育王寺，以后一直沿用。

阿育王寺坐北朝南，在中轴线

阿育王寺

上依次分布有阿褥达池（放生池）、天王殿、大雄宝殿、舍利殿、藏经楼等主体建筑。中轴线以东有钟楼、养心堂、先觉堂与大悲阁，以西有普同塔院、祖师殿、付宗堂、宸奎阁等。阿育王占地8万多平方米。不仅殿宇壮丽众多，而且寺内极富园林色彩，风光宜人。

在寺内众多的建筑中，舍利殿是一座文物比较集中的建筑区。这是一座面阔5间的重檐歇山黄琉璃顶式建筑，殿檐下“妙胜之殿”的匾额为宋孝宗御制。殿前月台两侧的壁上有4块珍贵的碑记，即唐代《大唐阿育王寺常住田碑》和宋代苏轼为寺内宸奎阁落成所书的碑记。殿内正中有高约7米的石塔，内放七宝镶嵌的“舍利放光”木塔。石塔后面供奉着长约4米的释迦牟尼的卧像，此像的卧姿据说就是当年佛祖圆寂时的姿势。舍利殿后有著名的“申乳泉”。

阿育王寺塔

使阿育王寺得以驰名天下的佛祖真身舍利宝塔，收藏在法堂藏经楼之上。这是一座精致玲珑的小铜塔，内悬舍利子。从塔孔中可以窥见一暗红色的小珠，其神奇之处在于随着角度的不同，以及光线的变化，小珠时红时黄，变幻不定。虽然关于此珠的真伪还难以定论，但作为现今屈指可数的几个有史可查的佛教圣地，阿育王寺的重要地位还是不容置疑的。

福严寺为什么是南岳丛林之首？

福严寺初名般若寺，或称般若台，福严寺为宋代初年所改。此寺坐落在南岳衡山的掷钵峰下，为佛教天台宗的第三祖——慧思和尚，在南朝陈光大元年（567）创建的。

唐代开元元年（713）禅宗七祖怀让又辟此为道场，弘扬南宗禅的“顿悟”法门，此寺又因而获得了“天下法院”的美誉，为南岳衡山诸寺院丛林之首。但是旧日的建筑早已荡然无存了，现存的寺内建筑为清同治九年（1870）重建。

福严寺的主要建筑有山门、过殿（知客厅）、岳神殿、大雄宝殿、藏经阁，以及祖殿、方丈室、法堂、云水堂、莲池堂、禅堂等，皆为硬山式砖木结构建筑。这些建筑依山就势，层叠而上，颇为壮观。

福严寺的山门规模不大，但门楣所题却也道尽了此寺的辉煌与灿烂。山门的门额是横书的“天下法院”，左右是“六朝古刹”与“七祖道场”的对联，字体一看就知是名家风范，遒劲有力，流畅自然。

寺内的岳神殿是福严寺独具特色的殿宇。在佛寺中供奉道教之神，并且是道教中的主神，这在国内的其他寺院中是颇为少见的。之所以如此，关键在于南岳衡山自古以来就是道教的名山胜地，要生存发展，就必须入乡随俗，佛道融合。殿内供的是一尊南北朝时期铸造的南岳神的青铜像，重约1.3万斤。

寺内的大雄宝殿内供有“华严三圣”的铜像，以及侍立两厢的十八罗汉。

寺后的最高处为拜经台，台上有一陡峭壁立的石岩，上面有唐中期宰相李泌手书的“极高明”三个大字。说来此中还有一个故事。当年李泌未发迹时，隐居福严寺苦读，见到一位绰号“懒残”的游方和尚，识出此为异人，竭力结识。他的至诚感动了“懒残”，“懒残”特将自己吃剩下的半块煨芋头扔给李泌，李泌坦然领受并拜谢而去。“懒残”颇为赏识李泌，预言他将有十年宰相的官运。李泌在德宗时果然入朝为相，屡次相邀“懒残”进京，而“懒残”竟留诗飘然而去，诗中云：“三十年来独掩关，使符哪得到青山。休将琐末人间事，换我一生林下闲。”

李泌读此，只能叹服“高明”而已。并在寺后的高岩上书“极高明”三字，以表自己的感佩之情。

在大岩石的一侧还有一石，叫“慧思一生石”。提到慧思，福严寺中与之有关的东西实在是太多了。寺内“三生塔”的塔下就埋藏着这位南朝高僧的尸骨，寺两侧的那两根千年古银杏树据说曾受过慧思的法戒，而寺东“虎跑泉”井壁的石刻更是详述了慧思一生的逸事神通。而且这位高僧不仅在国内有影响，还影响到了日本。当年慧思创建福严寺后，在寺弘扬佛法。日本的沙门玄光来华特意向慧思求教《法华经》，后归国演教，成为海东诸国传教之始，福严寺也相应地在宗教史上占据了特殊的地位。

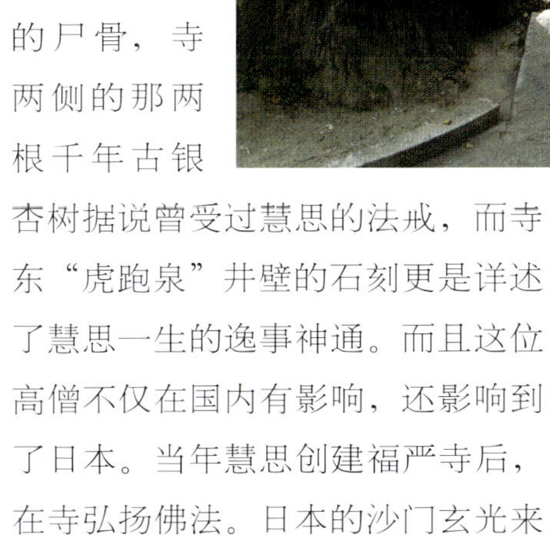

南岳衡山“天下法院”福严寺

为什么说泉州开元寺在诸开元寺中首推第一？

开元寺以唐玄宗“开元”年号命名，在公元8世纪曾经盛极一时，千载之后的今天，仍有十余所开元古刹存留至今。

在以“开元”为名的历史悠久的古寺名刹之中，泉州开元寺无论规模之宏大、建筑之华丽、文物之珍奇，都堪称独步一时，在诸寺中首推第一。开元寺建于唐垂拱二年（686），初名莲花寺，后改为兴教寺、龙兴寺。开元二十六年（738）诏改今名，相沿至今。历代不断增修扩建，五代至两宋时期，寺周有支院120余所。朱熹曾撰联称“此地古称佛国，满街皆是圣人”，可见其盛况之空前。元代时并为一寺，赐名“大开元万寿禅寺”，成为福建境内最大的佛寺胜地。全寺的建筑布局分为东中西三部分，寺内现存建筑多为明初的重建物。中轴线上依次分布着紫云屏（照壁）、天王殿、拜亭、大雄宝殿、甘露戒坛、藏经阁以及东西长廊等主体建筑。东翼有准提寺与东壁寺，西翼有尊胜院、水陆寺等。在东西两大广场还有镇国、仁寿两座塔耸立。寺院的规模宏大壮观。其中天王殿、大雄宝殿、藏经阁与双塔都是独具异彩的地方，游人切莫错过。

天王殿（山门）为面阔5间、进深3间的悬山式建筑，现存建筑为1935年重建。24根唐代风格的梭形的巨大石檐柱上，有雕纹涂彩的斗拱与殿翼欲飞的鸟形雀替，而明间两柱间的雀替则构成了游龙戏珠的造型。屋脊正中装饰有一五层小宝塔，鸱尾处有两条昂首望塔的腾龙，构成“双龙护塔”。屋脊的其他部分有凤、狮、马、博古、花卉等彩绘砖雕，也是异彩纷呈。殿内的塑像设置十分独特，与寺院常规的弥勒与四大天王不同的是，此殿只有左右两尊4.5米高的天王坐像，即密迹金刚与梵王。这并非是标新立异，而是寺院早期规制的流韵，今已罕见。

天王殿北廊毗接的卷棚悬山式方亭为拜亭，亭北为2800平方米的花岗石铺砌的大广场，即为拜庭。这里是旧日泉州官员朝圣祈拜的场所。庭院中有8株古老的榕树，为寺院平添了几分脱俗的气息。

走过拜亭，就来到寺内的主体建筑大雄宝殿。在殿前高出庭院1米多的月台的东南西三面的束腰上，嵌有72块青石浮雕，图案为风姿各异的狮面人身像。这原是明代印度寺院中的遗物，是中印文化交流中的珍品，如今成为了佛教寺院中的装饰。这样风格的装饰，在所有佛教寺院中，堪称独一无二。

开元寺的大雄宝殿又称紫云殿。有心人可能已经注意到，开元寺内称“紫云”的地方很多，诸如寺前的照壁称“紫云屏”，天王殿门上悬有“紫云”匾等。原来这关系到开元寺的由来。据说开元寺所在地原为一片桑园，园主叫黄守恭，他梦中见到和尚向他募地建寺，黄不舍，信口说“若桑树开莲花，我就献地建寺。”岂料几天以后，园内的桑树果然开满了莲花，黄只好献地，献地时约好以和尚的袈裟所能覆盖的范围为限。而和尚的袈裟竟神奇地变成了一块紫云，盖住了整个桑园120亩。开元寺也就在此破土动工，奠定了后世的规模。

大雄宝殿面阔9间，进深6间，重檐歇山顶式建筑。始建于唐垂拱二年（686），现存为明代的遗物。殿宇巍峨壮观，尤其是此殿有一百根巨型石柱支撑殿堂，有龙

开元寺大雄宝殿

柱，又有海棠柱、圆柱及方柱，俗称“百柱殿”。其中殿后檐廊下正中的2根十六角的青石柱，雕有24幅印度教大黑天神的神话故事以及花卉蓄草图案，为元代的遗物，也是明代从废弃的印度教寺院移置到此的。在大殿柱头铺的仰莲护斗上挑出一块，上面附刻有24尊带翅膀的乐伎飞天，为国内建筑装饰中少见的艺术珍品。实际上，这种带翅膀的飞天梵名应为耆婆耆婆，汉译为共命鸟，皆为人首鸟身的美丽女郎。共命鸟下半身嵌在柱榫中，两肋露出鸟爪，上身前倾，平伸的两臂捧有各种的文翰宝卷及乐器，尤其是她们的翅膀并非简单的装饰物，而是拱顶的支撑物。柱头上的那12尊体型较大的共命鸟头戴的花冠之上，有花钵盂形的升头，顶托着粗大的桁梁，在建筑结构上起着雀替斗拱的作用。这些拱上的装饰，既是殿内所供诸佛的侍伎，又为殿内建筑构件及艺术装饰，一物三用，确实是非同寻常的装饰精品。

殿内供奉的是密宗五佛，胁侍分别为文殊、普贤、阿难、迦叶，以及观音、大势至、关羽、神将、梵天与帝释等，均高6米左右。殿后亭正中供有密宗六观音中的首席观音——圣观音，左善财，右龙女，两翼为真人大小的十八罗汉。

大殿后面的甘露戒坛是中国三大戒坛之一，为康熙年间重建的五重檐八角攒尖顶式的建筑。戒坛的立柱斗拱及四面铺作桁梁上，有24尊飘带飞舞的飞天乐伎，其作用与大雄宝殿内的耆婆耆婆一般无二，只是其手中所持的乐器颇有闽南地方特色，为泉州古乐的真实写照。戒坛中部的戒台高3.7米，分为5层，最高的一层是端坐于莲花宝座之上的卢舍那佛，

泉州开元寺内景

❁开元寺双塔

以下逐层为金刚春、索、爱、语四菩萨，还有释尊、阿弥陀佛、寒山、拾得、千手观音、神像、力士等27尊神像。坛座的束腰部分有64龛，供奉有护三皈五戒的诸神主牌。台上还有一高2米的释迦牟尼真身舍利石幢，幢内据说安置着释迦牟尼的7颗真身舍利，为佛门之至宝。

寺内中轴线最北端的藏经阁藏有许多珍贵文物，素有“百宝楼”之称。另外寺内西廊北端的“桑莲古迹”及西院碑林区的吉祥祝福的麒麟壁，都是开元寺内不可多得的奇观异宝。开元寺内的东西双塔也极具特色，两塔相距200米，东为镇国塔，西为仁寿塔，合称“紫云双塔”，皆为宋代的5层八角石塔，为中国仿木结构石塔中的佼佼者。尤其引人注目的是西塔的第4层东北壁有1尊猴行者的浮雕，颇具几分《西游记》中孙悟空的形象。但它的建造年代早于《西游记》三百多年，海内外学者有人因此提出“孙悟空生于福建”的观点。此外，塔上的其他浮雕，诸如唐三藏、金龙太子、梁武帝，以及秦叔宝、尉迟恭等，也都丰满传神，堪称艺术精品。

作为全国重点文物保护单位的开元寺不仅在国内享有盛誉，在日本、东南亚也盛名远播，每年都有大批华侨及东南亚各国人士来此观光、进香、朝拜。1983年西哈努克亲王至厦门，曾专程至此焚香礼拜。今日的开元寺已经成为联系中外友谊的桥梁和纽带。

为什么宝光寺被称为「蜀中首刹」？

宝光寺位于成都北郊18千米的新都县城，相传始建于东汉年间。隋代时称大石寺。唐僖宗时赐名为宝光寺。

据说唐末黄巢义军攻破长安，僖宗不得不西逃，途中曾驻跸大石寺。夜间，僖宗看见寺内的福感塔下有宝光迸射，遂命人发掘，竟挖出藏有十三颗舍利的石匣。僖宗因此敕命重修寺宇，并赐名为宝光寺。寺内的宝塔也加以改造，用来珍藏佛舍利，并易名为舍利宝塔。从此以后，宝光寺也水涨船高，身价百倍，成为一方胜境。明末寺毁于兵火，至清康熙年间重建，以后又陆续加以扩建和修葺，逐渐形成了一座拥有1塔、5殿、16院，占地9万多平方米的庞大规模的寺院建筑群。

宝光寺的5殿是指分布在中轴线上的5座主要的殿宇，即山门、天王殿、七佛殿、大雄宝殿及藏经楼等。一塔是指位于七佛殿与大雄宝殿之间的高达30米的13级方形的舍利砖塔。很显然，塔的位置居于全寺的中心。这是唐宋时期寺院建筑格局的典型特征，即“寺塔一体，塔踞中心”。所谓16院是指分布在寺院深处的环境清幽、玲珑别致的一些小的院落。

除此之外，宝光寺还有一个更为驰名的建筑，就是名闻遐迩的罗汉堂。此堂位于大雄宝殿的东部，建于清咸丰元年（1851），是一个由4个小天井组成的“田”字形结构的殿堂，既利于采光，又便于布置塑像。在天井十字交叉的正中，矗立着一尊28头、56只手、196只眼的千手观音的塑像，殿的四面则分4层分布着五百罗汉的群塑。另外，还有佛、菩萨、西天28祖师及清初的8位宝光寺方丈等76尊塑像散布于殿堂之中。这些2米高的彩绘贴金泥塑像神态逼真，细致入微地刻画了喜怒哀乐等各种表情；造型生动，起立坐卧各种体态应有尽有；线条流畅，生动自然。在众多的罗汉塑像中，有2尊竟然是身穿龙袍的皇帝，那就是第215尊的者夜多尊者与第360尊的直福德尊者。其中前者头戴风帽，肩披锦氅，身穿龙袍，赫然正是康熙皇帝的御容。因为康熙出过天花所以塑像的脸上还塑有出过天花以后留下的麻斑呢，虽然是已经被美化为5个一团的“梅花”了，但毕竟还是麻斑。之所以将康熙皇帝塑为罗汉，缘于康熙在游镇江金山寺时，曾慨叹“朕本西方一衲子，缘何落入帝王家。”佛门为了讨好皇室，同时也为抬高自身的地位，自然乐于将康熙说成罗汉投胎转世了。而后者则是附庸风雅的乾隆皇帝。宝光寺罗汉堂的塑像是四川现存的最为完整的清代泥塑群，是不可多得的艺术珍品。

在宝光寺设有5个展馆，分别展出寺内所收藏的珍贵文物以及书法、字画等精品，素有小型“博物院”之称。在约300余件文物珍品中，主要有刻于六朝萧梁大同六年（540）的千佛碑，此碑四面上刻有1000尊仅高5厘米的浮雕佛像，面部表情细腻逼真，堪称绝品。还有明永乐年间建立的尊胜幢，以及清光绪年间的石刻艺术珍品——舍利塔。塔由三块青石雕成，而且中段镂空的六方形亭阁及上部的各种结构，是由取材于佛教故事中的人物雕像组成的，确实是妙绝人寰。

而在约400余件书画精品中，有元代赵子昂的群马，明代陈老莲的荷花、唐伯虎的《红树青山归晚樵》、清代宫廷画家朱裳为乾隆祝寿而作的《福寿图》（此图所有的线条全部是由福、禄、寿、喜、平、安、全等字组成，可谓独具匠心。）王浩的《十八应真图》，以及近代大师张大千的《水月观音图》等名家字画。而书法精品则有清竹禅大师的九分书，佛贞和尚的口书，刘右庵的三异图，以及近现代书法大师的墨宝。

宝光寺

为什么光孝寺被称为“岭南丛林之冠”？

广州在六朝至隋唐期间是佛教海上传播的枢纽与孔道，许多梵僧大德经海道往来都会驻留，为此播下了最新的佛学知识。而这些高僧讲学的场所就是号称“岭南丛林之冠”的光孝寺。

光孝寺位于广州市光孝路，寺址原为西汉南越王赵佗后裔赵德的宅地。三国时流放此地的虞翻在此讲学，并改建为“虞苑”。虞翻死后，其家人舍宅为寺，名为制止寺。东晋时称王苑延寺，简称王园寺。唐代初年改称乾明法性禅院，俗称法性寺。南宋绍兴二十一年（1151）敕赐光孝禅寺，简称光孝寺，相沿至今。由此可见光孝寺历史的悠久，在民间有“未有羊城，先有光孝”的谚语，也确实是道出了一些事实。

光孝寺的建筑规模宏大，旧有12殿、6堂及其他附属建筑，号称岭南丛林之冠。现今仍保存有山门殿、大雄宝殿、伽蓝堂、祖堂、六祖殿、睡佛阁等建筑，并有瘗发塔、达摩井、大悲幢、东西铁塔及诃梨树等诸多古迹。

在光孝寺的山门，左右有2个金刚力士，左边的闭口忿颜，赤裸上身，握着金刚杵，坐在小鬼之上；右边的开口怒容，赤裸上身，握有金刚环，踏坐于小鬼之上。门的两边题有“祇园辉百粤，五羊论古寺；光孝耀羊城，初地访诃林”的对联，言简意赅地点明了光孝寺的历史与地位。光孝寺的天王殿与山门实际上是连为一体的，连脊通檐，前一进为山门，后则为天王殿。殿内供有大肚弥勒与四大天王。在弥勒两旁的对联颇为有意思，“灵眼填胸开正悟，笑声裹腹展明诚。”点出了弥勒造像中的宗教寓意。

大雄宝殿为寺内的主要建筑，最初为面阔5间的建筑，是公元4世纪末中亚（今克什米尔）僧人昙摩耶舍创建。清顺治年间扩建为面阔7间的重檐歇山式建筑，格外巍峨壮观，为广州诸佛殿之冠。殿前有宽敞的月台，左右有两个塔式的石幢矗立。殿内供有“华严三圣”，释迦牟尼的两旁有阿难、迦叶侍立。这几尊造像的姿态比较特殊。释迦牟尼呈说法相，左阿难抱拳拱手，文殊手持玉如意，低眉善目；右迦叶双手合十，普贤大阐佛法。在诸尊佛的背后，为千手千眼观音的贴金木雕像。

在大雄宝殿的后面有两座建筑，左为六祖殿，右为睡佛楼，中间是寺内硕果仅存的诃子树，即俗称的藏青果，相传为虞翻手植，距今已有1700年的历史。殿后有六祖瘗发塔，塔旁为菩提树，相传此树的种子是由六朝时来华的印度僧人智药三藏携来的。

六祖殿的门上高悬着“祖堂”的匾额，两边是“衣钵真传一花五叶，法流东土二谛十宗”的对联，点明了六祖慧能在禅宗历史上的地位与作用。光孝寺是六祖得以公开传播南宗之旨的肇端之所，慧能在得到五祖弘忍的秘密法传衣钵之后，为躲避北宗的迫害，隐居岭南长达15年。直到唐仪凤元年（676）到光孝寺听印宗禅师讲涅槃经，适值风吹幡动，僧人对于风动还是幡动争执不下，而慧能以“非风动，亦非幡动，而是人心动”一语惊倒四座，令印宗禅师契悟，询知为禅宗的法嗣，遂拜师受戒，广传南宗禅之宗旨，大开顿悟法门。寺内的风幡堂及瘗发塔都是与此有关的纪念性建筑。

六祖瘗发塔建于唐仪凤元年（676），为7层八角石塔。塔的每个层面上都镌刻有佛像。此塔的由

光孝寺山门内景

来是：当年慧能公布了自己的身份以后，遂在大雄宝殿后面的菩提树下，祝发受戒，成为禅宗六祖。寺的住持法才禅师随即将慧能的头发瘗于树下，并在上建塔。此塔造型古朴庄重，极有古风。在建筑史上，此塔也有一定的地位。

在寺门莲池之东，有一座7层的四方铁塔，因塔上有全贴金的佛像千尊，故又称“涂金千佛塔”。此塔建于南汉大宝十年（967），是中国现存最古、最完整的铁塔。而与之并称的西塔矗立在大雄宝塔的西侧，现只存下3层。实际上西塔的建造年代要早于东塔4年，而且东塔是仿西塔而造的。光孝寺现为全国重点文物保护单位。

南华寺位于广东韶关市曲江县马坝的南华山畔，依山面水，景色宜人，是全国重点寺院之一。

为什么南华寺有「六祖道场」之称？

南华寺建于南朝天监三年（504），初名宝林寺。唐代曾一度因皇帝的封敕名而改名为中兴寺、法泉寺。北宋开宝二年（970）赐名南华禅寺，相沿至今。因禅宗六祖慧能在此弘传南宗禅，故又称“六祖道场”或“祖庭”。

南华寺建筑布局严谨，在中轴线上依次有曹溪门、放生池（五香亭）、宝林门、天王殿、大雄宝殿、藏经阁、灵照塔、六祖殿等主体建筑，两侧分布着一些附属建筑。整个建筑群占地达1.2万平方米，格局主次分明，格度谨严。

南华寺之所以驰名海内外，与禅宗六祖慧能有着直接的关系。据《传灯录》的记载，创建宝林寺的梵僧智药当初开山立寺时就预言：“去此百七十年，当有无上法宝，在此演法。”而此预言恰恰就落在了慧能的身上。慧能在光孝寺公开自己禅宗法嗣的身份受戒后，在曹溪驻锡长达37年，大兴佛法，直到唐开元元年（713）圆寂。以至于曹溪实际上已经成为了六祖慧能的专称，而南华寺也就成为禅宗，尤其是南宗禅的祖庭。因此南华寺有着众多的与六祖有关的文物古迹。

在诸多的珍贵文物中首推第一的就是六祖的真身像，堪称南华寺的镇寺之宝。此像现在六祖殿中，通高约0.8米，六祖“结跏趺坐”，双手叠置腹前，作冥想入定状。此

❀南华寺曹溪匾额

像为慧能弟子方辩所塑，极为传神，充分表现了六祖哲人的睿智与脱俗气质。据专家考证，这尊六祖坐像确实是在六祖的肉身的基础之上，加工塑造的。其方法是将六祖的肉身用一种特殊的方法制成“中国式的木乃伊”，再以夹苎漆塑法加工而成。在历代僧人的精心保护下，这尊六祖真身像经历了 1200 多年的沧桑巨变之后，仍然保存下来，其价值是无可估量的，是南华寺的镇寺之宝，也是中国的国宝。

在南华寺的珍贵文物中，还有一件与六祖有关的，那就是唐中宗赐给六祖的千佛袈裟。这是一件极为罕见的传世唐代刺绣精品。在杏黄色的绢底之上，用金线绣出 1000 尊各种手印的“结跏趺坐”式的佛像，而且眉目清晰可辨；像周围用其他颜色的丝线绣出佛的背光及十二条龙蛟。绣工之精湛华美，令人叹为观止。

另外，在南华寺还残存有中国唯一的宋代木雕五百罗汉像。这些通高 50 厘米左右的木雕罗汉群塑像，是 1963 年从大雄宝殿中 3 尊高达 15 米的大佛腹中发现的。根据罗汉像上的铭文，可知这些罗汉像是北宋庆历三年至八年（1043 ～ 1048）雕造的。这些雕像不仅雕工洗练精湛，有极高的艺术价值，而且是极珍贵的历史文物。

除此之外，南华寺还有唐代的锡杖泉、宋代的灵照塔、元代的千人锅等诸多的古迹与文物。近年来，南华寺对大雄宝殿内的“横三世佛”及五百罗汉全部重新装金，使这座千年的古刹重放异彩。

南华寺山门

灵岩寺为什么有“海内第一名塑”之称？

灵岩寺坐落在山东省长清县的灵岩峪中，距济南市75千米，寺院四周群山环抱，松柏掩映，景色清幽壮丽。

灵岩寺不仅历史悠久，古迹荟萃，更因拥有40尊宋代彩塑罗汉而被誉为“海内第一名塑”。灵岩寺始建于东晋永和十年（354），为高僧竺僧朗创建。据《神僧传》记载：“朗公和尚说法秦山北岩下，听者千人，石为之点头。众以告，公曰：此山灵也。”灵岩寺名即取其顽石点头之意。

一百多年之后，北魏孝明帝正光初年（520）法定和尚重兴灵岩寺。至隋唐时，灵岩寺一度与浙江天台国清寺、江苏南京栖霞寺和湖北当阳玉泉寺并称为“天下寺院四绝”。寺内拥有众多唐代文物，如鲁班洞、功德顶石窟造像、辟支塔、慧崇塔、千佛殿、御书阁及李北海所撰《灵岩寺碑》等。

宋代琼环（重净）、仁钦（净照）、妙空（净如）等先后住持灵岩寺，据《齐州景德灵岩寺记》等文献记载，宋代灵岩寺“殿堂廊庑厨僧房，间总五百四十”，并形成以天王殿、大雄宝殿为纵轴的寺庙建筑群。元明清时期灵岩寺已然香火旺盛，明代文学家王世贞曾云：“灵岩是泰山背最幽绝处。游泰山而不至灵岩，不成游也。”

寺内外主要建筑有山门殿、天王殿、大雄宝殿、千佛殿、御书阁、辟支塔、墓塔林等，其中以千佛殿、辟支塔及墓塔林最为著名。

千佛殿为灵岩寺主殿，石寺内现存最古老的木结构建筑，始建于唐贞观年间（627～629），宋、明、清时予以重修，至今保存完好。千佛殿面阔七间，进深四间，单檐庑殿顶，具有唐宋风格特征；殿内塑像以两侧的40尊宋代彩塑罗汉最负盛名。

这些塑像变化多姿，风格写实，形态逼真，筋骨毕显，有的连脉管都隐约可见；塑像面形较方，外眼角上吊，表情生动，衣饰纹路褶皱自然，具有极强的艺术感染力。

据专家根据塑像风格考证，这批塑像为宋代文物，反映了中国古代雕塑艺术的精湛技艺，是灵岩寺的艺术精华。梁启超先生称其为“海内第一名塑”。刘海粟先生亦题曰“灵岩名塑，天下第一，有血有肉，活灵活现”，可见名不虚传。

辟支塔在寺西北角，建于唐天宝十二年（753）。塔为八角九层，通高 54 米，为密檐式砖塔，可拾级而上，尽览灵岩风光。南宋文学家曾巩赞曰：“法定禅房临峭谷，辟支灵塔冠层峦。”灵岩寺墓塔林位于寺西，共有唐、宋、元、明、清各代的高僧墓塔 167 座，是仅次于少林寺塔林的全国最大塔林。这可以称作是古代石刻艺术博物馆。这里的墓塔造型各异，结构细腻，布局合理。塔中浮雕生动多姿，内容千变万化，显现了古代劳动人民的聪明才智和高超的雕刻技艺。

此外，寺内外还有汉柏、摩顶松、朗公石、可公床、一线天、对松桥以及“五步三泉”、“镜池春晓”、“方山积翠”、“明孔晴雪”等胜景，别有情趣，令游人流连赞叹。

灵岩寺辟支塔

为什么桑耶寺在藏传佛教建筑史上有着重要地位？

桑耶寺坐落于西藏扎囊县雅鲁藏布江北岸，全名「桑耶敏久伦吉白祖拉康」，藏文意思为「天池寺」、「存想寺」。

桑耶寺建于公元8世纪中叶，是西藏地区历史最悠久的寺院，是755年莲花生仿照泥婆罗欧丹富多梨寺的形制创建的，其建筑融汉、藏、蒙三种风格于一体，风格独特，建筑瑰丽，气势宏伟。寺内珍藏着吐蕃王朝以来各个时期的文化遗产，是祖国民族文化遗产中不可多得的瑰宝。

桑耶寺布局较为奇特，它是圆形的，反映的是佛教理想的世界。寺中心的乌孜大殿象征着宇宙的中心须弥山，大殿四面的神殿代表四大部洲，四座神殿左右各有一小配殿，代表八小部洲。大殿南北两侧分别建太阳殿和月亮殿，大殿四角建有红绿黑白四塔，代表四大天王。还有护法神殿、僧舍、经房、仓库等建筑。整个寺院呈椭圆形。

乌孜大殿气势雄伟，占地面积8900平方米，为桑耶寺的中心殿堂，号称“一切工程合律藏，一切壁画合经藏，一切经咒合密咒”。大殿坐西朝东，底层为藏族建筑形式，中层为汉族建筑形式，上层为印度建筑形式，各具特色，号称“三样寺”，为蒙、印、汉三璧合一的绝世之作。大殿底层分为前后两部分，前为经堂，后为佛殿。经堂面阔7间，进深4间，左右两侧分列7尊藏传佛教的祖师像。佛殿内四周为千佛

桑耶寺转经筒

像壁画。殿中供有1尊一整块巨石雕成的释迦牟尼像，高3.9米，是建寺伊始留下的宝物。释迦牟尼两侧各有5尊菩萨像和1尊护法神像，是近年新雕造的。大殿中层供有红教祖师莲花生像以及释迦牟尼、无量光佛的合金铜像。大殿上层主供大日如来佛像，两边是八大菩萨，四周为欢喜佛。殿内有许多珍贵文物，其中大殿正门悬挂的大铜钟，为西藏地区铸造的第一口铜钟，是赤松德赞的王妃迎请汉僧大宝监造的。

桑耶寺

乌孜大殿正东的神殿名为江白林，主供文殊菩萨；正南殿名阿雅八津林，主供无量光佛；正西殿名强巴林，主供弥勒像；正北为桑结林神殿，原供有释迦牟尼合金铜像，现今壁画以佛母讲经图为主，还有千佛像。

乌孜大殿四角外10米各建有一舍利塔，东北绿、东南白、西南红、西北黑，而且形状各异，既有覆钟状、覆钵状、覆锅状，又有四方多角形，颇为奇特。而在桑耶寺椭圆形围墙之上，每隔1米有一红陶塔，桑耶寺简直是一个塔的世界。

桑耶寺在藏传佛教历史上地位十分重要，它是西藏接纳第一代剃度僧人的寺院，从而成为西藏第一座具备佛、法、僧的寺院，标志着佛教开始登上西藏政治舞台。也许有人已经注意到桑耶寺中莲花生大师的塑像很多，这正是桑耶寺历史的见证。相传吐蕃早期赞普墀松德赞礼聘印度密宗大师莲花生来藏建寺传法时，大师施展法术，刹那间手心中出现一座寺院模型，赞普认为不可思议，不仅更加坚定信佛的信心，而且以此模型建造寺院桑耶寺。所谓“存想寺”就是“不可思议”之意。西藏的这座风格特殊的寺院，历尽千年沧桑，正以其特有的风姿向世人昭示藏传佛教的悠久历史。

为什么塔尔寺有「黄教圣地」之称？

始建于明朝嘉靖三十九年（1560）的青海省湟中县西南隅的塔尔寺，素有「天下第一庄严」的盛誉，为中国藏传佛教黄教六大丛林之一。

塔尔寺藏语“衮本贤巴林”，翻译为汉语就是“十万狮子吼佛的弥勒寺”，是为纪念黄教创始人宗喀巴而建造的。这里是宗喀巴的诞生地，传说当年宗喀巴的母亲思念在西藏求学的儿子，将一缕白发夹在信中托人捎去，但宗喀巴无暇回家，只写了一封回信，信中附有用他的鼻血画的画像及一尊狮子吼佛像。其母接到信后，按照信中所嘱，用当年埋藏宗喀巴胎衣处长出的一株菩提树，连同翻印的10万张狮子吼佛像一起，作为胎藏，建成一小塔，上面加盖一瓦屋以覆塔身，这就是塔尔寺的雏形。

所谓塔尔寺就是塔而寺的意思，意在表明寺的建造过程。后来信徒及僧众以塔为中心，建造了大金瓦殿，又用银塔取代了原来的砖塔，以后又陆续扩建了殿堂、佛塔、僧舍等，形成了今日如此庞大的建筑规模。整个寺院依山就势，占地600亩，共有大小11座佛殿，以及功德八塔、时轮塔、过门塔等。布局严谨，建筑宏大，融汉藏风格于一体。

来到塔尔寺，首先映入眼帘的是并列在寺前广场上的8座尖顶、方座的如意宝塔。这8座塔整齐美观、大方端正，成为塔尔寺的象征。塔的东南方是塔尔寺的护法神殿——小金瓦殿。这是一座汉藏结合式的建筑，建于明崇祯四年（1631）。殿内供奉身、语、意、智慧、功德五勇猛明王的护法神像，还有数尊造型怪异的护法金刚力士。楼上供奉着宁玛派祖师莲花生的塑像，还有野牛、狗熊等动物标本，制作精细，栩栩如生。尤其值得一提的是一匹马的标本，据说当年九世班禅从2000千米以外的日喀则来塔尔寺时，骑此马一天就到了，因此这匹马就被信徒目为神马，上面挂满了吉祥祝福的哈达。

与小金瓦殿隔太平塔南北相望的是花寺。这是一座小巧玲珑的宫殿式建筑，建于清康熙末年，殿内

供奉有释迦牟尼、十六罗汉、四大金刚等塑像。院内的菩提树浓荫蔽日，一到盛夏，花满枝头，香气扑鼻，称之花寺确是十分恰当。但令人奇怪的是在院中央的小花坛上，竟供着一涂满酥油、沾满硬币的石头。原来这是宗喀巴的母亲当年背水时倚靠休息的石头，信徒们对之顶礼膜拜，十分尊崇。

大金瓦殿始建于明洪武十二年(1379)，是塔尔寺最早的建筑。也就是在宗喀巴的母亲所建的小塔庵基础之上扩建的。这是一座三重檐歇山式宫殿建筑，内有一高 11 米的大银塔，又称神变大灵塔，塔内就是当初宗喀巴的母亲所建的小砖塔。大经堂是塔尔寺佛事活动最集中的地方，也是集体诵经礼佛的场所。这是一纯藏式平顶建筑，面积 2750 平方米，面阔 13 间，进深 11 间，自明万历三十九年(1611)始建至今，已经三度扩建，方形成今日内有 168 根柱子的规模，内部空间十分宽敞，可以容纳上千人一起诵经礼佛。在大经堂内可以看到的 108 根柱子装饰华丽，且裹着彩色毡毯。周围佛龛内有上千尊鎏金小铜佛，大殿内幡、幢、飘带林立，宗教气氛十分浓厚。

九间殿是一座 9 间硬山式建筑，始建于明天启六年（1626）。其中北 3 间供奉释迦牟尼塑像，旁有财源、妙音仙女的塑像，造型设计颇具匠心。殿内有一数百斤重的大石头，已经被酥油涂抹成黑色，上面有一脚印，石头上还有一对清晰的手指印，相传都是宗喀巴小时留下的。

塔尔寺三绝是指酥油花、壁画、堆绣，为藏族艺术中的奇葩，而在塔尔寺更是运用得出神入化。

塔尔寺瑰丽的建筑艺术、神奇的藏族宗教文化，不仅吸引着国内的僧众、信徒以及游客，也是国外游客云集的游览胜地。

塔尔寺白塔

拉卜楞寺的建筑有什么特点？

拉卜楞寺位于甘肃夏河县境内，大夏河北岸的冲积扇盆地之上，是甘南藏族地区最大的寺院，与西藏的哲蚌寺、色拉寺、甘丹寺、扎什伦布寺，以及青海的塔尔寺，合称中国喇嘛教格鲁派六大宗主寺，为中国藏传佛教的圣地之一，是保存藏族文化的宝库。

拉卜楞寺始建于清康熙四十八年（1709），坐北朝南，占地1300亩，是一座藏式建筑为主的宏伟壮观的寺院。本名扎西奇寺，译成汉语为“吉祥旋寺”，而拉卜楞是由寺内最早的佛宫“拉章”音变而来的。全寺现今共有6大扎仓、17拉康、8囊欠、2经院、1藏经楼、数百间僧舍。

六大扎仓（学院）是指修显宗的闻思学院，修密宗的续部上，下部学院，修天文的时轮学院，修医药的医药学院及修法事的喜金刚学院，其中闻思学院（铁桑浪瓦扎仓）为全寺的中心，有乾隆皇帝御赐“慧觉寺”匾额。正殿面阔11间100米，进深75米，内有140根合围巨柱，十分宽敞，可以容纳4000喇嘛同时诵经。屋内各种彩幡、幢、带林林总总，在阴暗的光线下，酥油灯火飘忽闪烁、烟腾雾绕，弥漫着强烈的宗教气氛。巨大的殿顶装饰着雕刻精细、熠熠闪光的金瓶、金羊、金法轮等藏式风格的装饰物。

拉康（佛寺）为全寺各扎仓的喇嘛集体诵经礼佛的场所，各寺所供的佛像各不相同，其中以寿禧寺的规模最大。寿禧寺又称弥勒佛殿，俗称大金瓦殿，为拉卜楞寺内建筑的经典之作。此殿高20米，上下6层，为典型的藏汉结合式建筑，内供一尊8米高的鎏金弥勒佛铜像，这是拉卜楞寺二世活佛邀请尼泊尔工匠精心雕造的。虽然距今已有200多年的历史，仍然熠熠闪

拉卜楞寺藏经楼

光。两旁供奉着高5米的八大菩萨铜像。殿内还有极珍贵的金银汁书写的《甘珠尔》经一部。在寿禧寺西边的是俗称小金瓦殿的释迦牟尼佛殿。此殿为3层建筑，在第二层供有释迦牟尼佛像，在其头顶还有1尊高0.7米的释迦牟尼金像，这是拉卜楞寺寺内年代最古老的佛像，据说当年由宗喀巴亲自供奉，后被拉卜楞寺一世活佛从西藏请来。在拉卜楞寺寺内珍藏着许多精美的佛教雕像，仅8米以上的就有16尊，其中时轮经院前面的寿安寺内的13米高的狮子吼铜佛像以及在大经堂东北的宗喀巴殿内的12米高的鎏金宗喀巴铜像，都是名传遐迩的著名佛像。

拉卜楞寺弥勒殿

拉卜楞寺的藏书无论其质量、数量，还是品类，在全国寺庙中都是出类拔萃的。尤其是寺内珍藏的从藏文初创时期和藏传佛教前弘期时流传至今的一些稀世珍品，更为世界佛教界所瞩目。

拉卜楞寺还有一个重要特点：它是中国活佛系统较为完备的寺院之一。其中最高活佛为寺主嘉木样，已经转了六世。其下还有四大色赤活佛系统，再下为堪布佛位等。

寺内还有历代嘉木样活佛的舍利塔，不仅奇巧秀丽，而且装饰华丽，金碧辉煌，引人注目。另外令人称奇的是寺内可煮四头牛的大铜锅和五尺长的大象牙。

拉卜楞寺全年要举办近十次群众性的宗教法会，其中规模最大的是正月祈愿和七月辩经法会。在藏传佛教寺院中，拉卜楞寺还有一独具特色的嘉木样乐队，这支乐队能演奏十首独特的曲谱，其特点是糅合了清宫廷音乐和内地寺庙音乐，从而形成了自己的风格，颇为世人所瞩目。

现今的拉卜楞寺不仅是藏传佛教的圣地，在全国佛教寺院中也是极有特色的寺庙。目前拉卜楞寺正以其独特的风格迎接着中外宾客。

哲蚌寺与达赖有什么关系？

位于拉萨西郊根培乌孜山南麓的哲蚌寺在藏传佛教寺庙中的地位十分特殊，与甘丹寺、色拉寺合称拉萨三大寺。

拉萨三大寺中，哲蚌寺的规模、地位和影响都占据首位，原因就在于这里是格鲁派（黄教）中最大的活佛——达赖的母寺。

哲蚌寺是宗喀巴的门徒绛央却杰在明永乐十四年（1416）创建的。整个寺院以白色为主调，层层叠叠、错落有致的建筑群相互勾连贯通，覆压了整个根培乌孜山的南麓，宛若一座山城。从外观上看，寺院整体布局就像米堆一样，因此命名哲蚌寺，即“积米”的意思。其全称为“吉祥米聚十方尊胜州”。这座寺院是西藏地区规模最大、喇嘛最多的寺院，占地达25公顷。

了解格鲁派（黄教）历史的人可能会产生疑问，哲蚌寺既非藏传佛教格鲁派（黄教）的创始人宗喀巴所建，又非格鲁派（黄教）首寺，何以它成为最大的寺院，且又是达赖的母寺？原来这牵扯到复杂的宗派斗争。创建扎什伦布寺的根敦主被推举为格鲁派（黄教）首寺甘丹寺寺主，在其圆寂后的11年，根敦嘉措作为根敦主的转世灵童被迎至扎什伦布寺，却遭扎寺僧人的排挤而被迫出走，来到哲蚌寺学经。根敦嘉措在哲蚌寺不仅转世的地位被承认，成为哲蚌寺的寺主，而且在格鲁派（黄教）的发展遭受挫折时，四方弘扬佛法，使格鲁派（黄教）获得空前的大发展，因而成为全格鲁派（黄教）的实际领袖，从而提高了哲蚌寺的地位。索南嘉措接替根敦嘉措成为哲蚌寺的寺主后，被蒙古土默特汗首领俺答汗赠与“圣识一切瓦齐尔达喇达赖喇嘛”格鲁派（黄教）最高称号。以后逐渐形成了哲蚌寺寺主必是达赖的不成文规定，直至五世达赖。即使后代的达赖在布达拉宫，也将哲蚌寺视作自己的母寺。应该说，这是历史造成的，也是哲蚌寺本身造成的。

哲蚌寺寺内最大的建筑为措钦大殿，由门厅、围廊、天井、经堂、佛殿和配殿组成，殿前还有近2000平方米的片石广场。大经堂的面积

十分庞大，有1850平方米之多，可以同时容纳9000多喇嘛诵经礼佛，是藏传佛教寺院中最大的大经堂，素有“东方第一经堂”之誉。殿内有183根直贯殿顶的巨柱，唐卡、帷幕、幡幢林林总总，光线幽暗，使得整个大殿有一种令人压抑的气氛。只有在殿堂中部的一个天窗中，透出一束光线，直射殿中的佛像，仿佛正在向世人昭示着“举世浑黑，唯有佛光能给人以光明、希望”。这种强烈的宗教气氛的渲染，正是其独具匠心之所在。大殿的二楼藏满了甘珠尔经，是远近驰名的佛教典籍宝库。大殿的三楼供有巨型的弥勒佛像。这尊佛像是由绛央却杰亲自监造，并由宗喀巴亲手开光的，是哲蚌寺内最为珍贵的文物。殿内供奉一只白海螺，据说是释迦牟尼的遗物，由弟子目犍连藏在甘丹寺山上，宗喀巴得到后将它转送给了绛央却杰。佛殿的大门悬有“穆隆元善”的汉文匾额，这是清驻藏大臣琦善所题。大殿的四楼供有释迦牟尼佛像和13座银塔。

哲蚌寺内西南部的一组庞大的宫殿群，这就是历代达赖的施政及寝居之所——噶丹颇章的所在。它是二世达赖根敦嘉措在明嘉靖九年（1530）所建，从那时一直到清顺治五年（1648）五世达赖迁居布达拉宫为止的119年里，都是格鲁派（黄教）的最高统治中心。

哲蚌寺不仅寺院规模庞大、建筑宏伟，收藏的文物也是十分丰富的。到此观光游历，必是不虚此行。

哲蚌寺强巴佛像

扎什伦布寺与班禅有什么关系？

扎什伦布寺位于西藏日喀则城西，是藏传佛教格鲁派（黄教）在后藏最大的寺院，也是全藏最有名的四大寺庙之一，为四世班禅之后历代班禅驻锡及安置肉身灵塔之所。

扎什伦布寺藏文意思是“吉祥须弥山”，即吉祥汇聚之意。此寺虽为班禅驻地，却是一世达赖根敦珠巴在明正统十二年（1447）创建的。一世达赖根敦珠巴之所以选此建寺，据传是因为公元8世纪印度高僧莲花生入藏传法时，曾在日喀则小住，预言西藏的中心首在拉萨，其次就是日喀则，原因是日喀则地区的尼玛山的山势宛若鹰扑天空，在此建寺必定会使西藏兴旺。而扎什伦布寺始建时名字就是“雪域兴佛”，1448年主庙落成后方改为今名。明万历二十八年（1600）四世班禅就任扎什伦布寺住持，自此以后，此寺成为班禅驻锡之所。经历代班禅的扩修和增建，扎什伦布寺逐渐形成为占地4万余平方米，现有殿堂56座，堪与布达拉宫媲美的金碧辉煌的建筑群。

钦措大殿位于扎什伦布寺正中央，是全寺喇嘛诵经礼佛的集会场所，又称大经堂，已经有530年的历史了。大殿中央为神殿，安放着一尊5米高的弥勒佛的鎏金铜像。佛像内安放着释迦牟尼的舍利、宗喀巴的头发和一世达赖根敦珠巴的头盖骨。两侧分立的是佛祖八大弟子，东西为药王和无量寿佛，中间的是宗喀巴三师徒。大殿左侧为度

扎什伦布寺

母佛堂，其内供有3米高的鎏金白度母铜铸佛像。大殿右侧为慈尊佛堂，其内供有12米高的慈尊佛像，佛像内装有释迦牟尼的舍利。两侧为观音、文殊菩萨的塑像，特异之处在于这2尊佛为一世达赖根敦珠巴亲手所塑。

弥勒大经堂位于扎什伦布寺的西侧，是九世班禅在民国初年修建，高30多米，由5层叠成，分别为莲花座、腰、胸、面、冠部殿，游人可由木梯拾阶而上，仔细瞻仰和观赏。殿内供有一尊高26.7米的鎏金弥勒铜佛像。这是目前中国最大的铜佛像，铸于1914年，仅中指就有1.2米长，佛眉心的那点白毫就用去大小珠宝钻石1700多颗。据估算，共用紫铜23万斤、黄金558斤。其造型之典雅肃穆，铸造工艺之精湛细腻，美不胜收。

扎什伦布寺建有四至十世班禅的灵塔殿，其中最大也是最早的灵塔是四世班禅的，高11米，耗黄金3000两、白银50万两；比较引人注目的是六世班禅的灵塔，此塔最初安放在北京黄寺，为乾隆御赐黄金7000两铸成，后回扎寺，在其外又包制了一大白银塔；十世班禅的灵塔是最新落成的一座，打破了历代灵塔用白银包裹的惯例，改用黄金皮。这是建国以来，国家投资及建筑规模最大的一座寺院灵塔祀殿，体现了对这位伟大的爱国者的敬意与怀念。

班禅灵塔

由于“文革”中五至九世班禅的灵塔祀殿全部被毁，近年来在十世班禅的建议下，建成了班禅东陵。这座陵内的一些建筑格局打破了过去的惯例，如壁画中画有其他教派及在世大师的画像，建筑的形式也丰富多彩，是藏汉民族团结的象征。

扎什伦布寺还有一独树一帜的建筑，那就是汉金顶佛堂（甲纳拉康）。在此殿内存有历代皇帝及政府赠与各世班禅的各种礼品。其中最珍贵的是一个琉璃匣内珍藏的10尊佛像，9尊为唐代作品，1尊为元代铜像。其他诸如金册金印、永乐石磁、金银器皿、唐卡刺绣、贝叶经等，举不胜举。

布达拉宫为什么被称作「世界屋脊的明珠」？

布达拉宫位于西藏拉萨红山之上，海拔近4000米，是中国著名的古代「宫堡式」土木建筑。

布达拉宫内景

布达拉宫的藏文意思是“观音所居的圣地”，也有说成是“观音普救世界的导航船”。总之都是佛教圣地之意。据藏文史籍记载，松赞干布在红山建立宫殿，因为松赞干布被佛教信徒认作观音菩萨的化身，所以红山上的宫殿被命名为布达拉宫。

布达拉宫相传始建于公元7世纪松赞干布时期，当年的红山宫殿布局图还保存在布达拉宫内三排梯廊道的北面壁画中（系17世纪的摹画品）。但早期的布达拉宫建筑早已毁于雷火和兵灾，只有法王禅定宫及观音殿保留下来。17世纪中叶，五世达赖建立噶丹颇章王朝，在红山重建布达拉宫作为“王宗”，以号令全藏。这次重建历时3年，建成了以白宫为主体的建筑群。17世纪末，桑结嘉措为了纪念五世达赖并安放他的灵塔，兴建红宫。此次兴建的建筑在红山的中心部位，东靠白宫，西邻僧舍（扎厦）。原在白宫西面的吐蕃时期的法王禅定宫及观音殿没有拆除，而是结合在红宫建筑群中。整个红宫建筑布局采用了曼陀罗模式，围绕灵塔殿建造了许多佛殿、经堂，从而与白宫连为一体。从总体上看，虽然红山上的建筑群不是一次建成的，但浑然一体，宛若天成。整个建筑就像从红山之中长出来的一样，直耸蓝天，气势磅礴，稳固可靠，给人以深刻印象。

布达拉宫分为白宫、红宫、山下及龙王潭四部分。

白宫的主要建筑有达赖的寝

殿、诵经礼佛的殿堂、喇嘛住居的扎康及僧官学校。其中达赖的寝殿位于白宫的最高处，故称日光殿。殿分为东西两部分，其中西日光殿为原殿，东日光殿为后期仿建，两殿的形制完全一样。东大殿是白宫内最大的宫殿，也是西藏地方举行重大政治活动的场所。而坛城殿内有3座铸于乾隆十六年（1751）的巨大的立体铜坛城，供奉胜乐、大威德、密集金刚等密宗三佛。每座坛城的四方均有一道门和一座牌坊，牌坊均镶有金皮，铸有“大清乾隆年制”的字样。

红宫内最大的宫殿是西大殿，藏名“司西平措”，意为天地两界功德圆满。这是五世达赖灵塔殿的享堂。殿西的五世达赖灵塔高14米，金皮包裹，珠宝镶嵌，仅黄金就耗去11万两，金碧辉煌，号称“世界一饰”。在红宫内共有5座灵塔殿，即五世、七世、八世、九世、十三世达赖的灵塔殿，每座灵塔殿都是鎏金铜瓦顶装饰，灵塔的形制也都相同，只是规模不同，它们都是布达拉宫内最富丽奢华的建筑。其中十三世达赖的灵塔堪称宫内最大最精致的，旁边还有一座用20多万

❁布达拉宫

拉萨红山上的明珠布达拉宫，是当今世界上海拔最高、规模最大的宫殿式建筑群。松赞干布为了迎娶文成公主，建立了这座举世闻名的建筑，这里是他们的王宫，也是以后政教合一的场所，而如今，它更是珍贵的人类遗产。

布达拉宫

颗珍珠串成的“曼达”，它是用珍珠串成的轮王七室，加上珍珠串成的4层方塔，塔顶是金制的宫殿模型。这是举行佛事活动时，用以祈愿吉祥幸福、赞叹须弥山功德的法器。红宫内最高的殿是三界兴盛殿，殿内有七世达赖请来的康熙长生禄位，上面写着“当今皇帝万岁万万岁”，还有乾隆的画像。这里是历代达赖在藏历新年和皇帝生日朝拜的地方，也是清帝去世举行哀悼活动的场所。殿内收藏的乾隆后期刻印的一百余函满文《甘珠尔》，是国内罕见的珍品。西大殿南面的持明殿主供密宗宁玛派祖师莲花生及其化身。西大殿北面的世系殿供有释迦牟尼12岁等身像和五世达赖像。此外还有三世佛、八药师佛、一至四世达赖像等30余尊佛像。

布达拉宫

在整个布达拉宫的最上层，有7座金碧辉煌的金顶，覆盖在主要的殿堂之上，十分耀人眼目，为整个布达拉宫平添了几分富贵堂皇的色彩。

1989年至1994年，国家耗费巨资，对布达拉宫进行了举世瞩目的维修，使古老的布达拉宫又焕发了青春。这次维修不仅彻底改善了布达拉宫的积留问题，而且第一次弄清了许多问题，诸如第一次量出了布达拉宫距地面高119米，东西长350米，南北宽270米，建筑面积13万平方米等。但是，布达拉宫仍然给人们留下了许多的不解之谜，仍需要我们不断地去探索。

景真八角亭是南传佛教中的一座什么样的建筑？

景真八角亭建于傣历1063年（1701），位于西双版纳勐海县城西14千米的景真山景真寨，为景真地区的中心佛寺的附属建筑——布苏。

景真八角亭是中国古代佛教建筑，西双版纳的重要文物之一，也是景真地区中心佛寺“瓦拉扎滩”的一个组成部分，成为“布苏”。所谓“布苏”，在傣语中的意思是“顶状莲花”，意思是指此亭的形状是模仿佛的帽子而建造的，为佛寺内僧侣集会的场所。在傣历的每月十五和三十两天，周围的僧侣都会汇集到景真八角亭内，或听高僧讲授佛经或商讨宗教事务，或举行僧人晋级仪式。在云南南传小乘佛教寺院中，它是地位颇为特殊的一座。

景真八角亭为八角形砖木结构的攒尖顶式亭子，南向，通高为15.42米，宽8.2米，由须弥座、亭身、屋顶和刹杆四部分组成。此亭的造型结构十分特殊。从远处看，这座亭子就像一座华丽无比的冠冕。根据傣族的佛经记载，这座亭子的确是仿造冠冕的模样建造的。由于此亭形状特殊，有的人就根据这座亭子四门八龙，而演义出这座亭子是水下龙王显灵，指派八条青龙托出一个“水上八角亭”，从而才有如此造型独特的八角亭。实际上这座典型风格的傣式建筑，

景真八角亭细部

同样也是汉傣两族共同心血的结晶。

此亭基座是平面呈亚字形的折角砖砌须弥座。亭身有31面，32个角，每个角上都铺有缅式平瓦。全木结构的屋顶更是丰富多彩，圆形的屋檐上有8组11层连续的硬山式的小屋脊，分别面向8个方向；屋檐上饰有各种琉璃脊饰，如小金塔、飞禽走兽、火焰云等；且每组小屋脊都呈鱼鳞状层层叠叠地向上收分，最后8组小屋脊集中收束在一金属圆盘下，即直径为1.9米的宝盖，在宝盘上立有塔刹相轮。

从景真八角亭的比例结构上，我们可以体会出“缅寺”建筑特有的风采。通高15.42米的建筑，其亭身仅5米，而攒尖屋顶竟达到7.85米，占整个建筑高度的一半还略多，并且上面还带有一通高4米的塔刹。虽然从比例上看，顶部的比重远远超过了亭身，但不仅没有给人以负重感，反而更有一种奔腾向上的气势，这不能不令人赞叹其建筑技术的高超奇妙。可以说，“缅寺”建筑给人一种耳目一新的感觉。

景真八角亭的建筑结构和造型风格深受缅甸小乘佛教建筑的影响，称得上是中国缅式风格建筑的典型例证。1988年，景真八角亭被列为全国重点文物保护单位。

景真八角亭及菩提树

山西应县木塔是一座什么样的建筑？

应县木塔原名为「佛宫寺释迦塔」，是中国现存建筑时间最早、最高、最大、保存最完好的木结构楼阁式佛塔。

应县木塔建于辽清宁二年(1056)，是一位名叫田和尚的人奉敕募建的。当时是佛宫寺的主要建筑，位于寺的前部中心位置上，在大殿之前，反映了早期以塔为主的寺塔布局形式。据现存的一块元至正十三年（1353）的石刻土地碑记记载，此寺在金、元时代名为“宝宫禅寺”，规模很大。金代时此寺有土地40余顷。元至治三年(1323)英宗去五台山，途经应州时，曾登此塔，并书写了“峻极神功”的匾额。明武宗正德三年（1508）曾登临此塔宴赏，题写了“天下奇观”的匾额，如今还悬挂在三四层塔檐下。明、清以后，寺院规模大为缩小，后来殿堂多毁，唯有木塔得以幸存。

应县木塔平面呈八角形，总高67.31米。塔座为中心夯土的2层砖石结构建筑，高4米有余。下层呈方形，上层为八角形，直径30.27米。上层台基和月台角石上雕有伏狮，风格古朴，乃辽代遗物。台基上建木构塔身，外观五层，内部是一至四层，每层又有暗层，因此实为9层。木塔的塔身上用斗拱承托着4层平座，塔的第一层南面辟门，西南面有木制楼梯。自第二层以上，八面凌空，豁然开朗，门户洞开，塔内外景色连成一片。每层塔外，均有宽广的平座与栏杆。人们可以走出塔身，循栏观赏。

塔内明层都有佛像：第一层是供佛礼佛的主要场所，室内正中塑有一座高达10余米的释迦牟尼像，墙壁上绘有如来佛的画像，门洞两壁绘有金刚、天王、弟子等壁画，门额壁板上还绘有三幅女供养人像。第二层塑有1佛、2菩萨、3胁侍像；三层塑有四方佛像，面向四方；四层塑有佛和阿难、迦叶、文殊、普贤菩萨等；五层塑有毗卢遮那佛和八大菩萨像。所有这些塑像与壁画都是木塔中保存的历史珍品。

为什么要在这里修建一座如此高大、坚固的木塔呢？据说辽代一位王爷的女儿喜欢作画、吟诗。

这位王爷为了让自己女儿的绘画、吟诗水平有所提高，准备送她到北岳恒山去游玩观赏，以便获取创作的灵感。但天不如人愿，桑干河突然河水猛涨，这位小姐无法到达恒山。于是王爷便给自己的宝贝女儿修建了这座木塔，让她登塔远望。这种说法大概属于小说家言，不足为据。考查应县木塔修建的原因，主要有两条：第一，中国最初修建的佛教寺庙，因受印度影响，都以塔为中心，后来情况发生了变化，但辽、金时期又一度出现复古的佛寺建筑思潮，佛宫寺释迦塔的出现，正是这种早期佛教建筑思想的再现。第二，应县地处辽、宋交界地区，双方争战激烈，宋代著名的杨家将曾在这一带屡立战功。因此，仿效宋方在定州修建料敌塔监视对方的做法，辽方才在应县修建了这座高大的木塔。

应县木塔自修建以来已历时近千年，它曾经经历过多次强烈地震的考验：元顺帝时曾大震七日，木塔屹然不动；清代康熙年间地震，对它毫无影响；近年来的邢台地震、唐山地震、内蒙古和林格尔地震等，虽然都波及这一地区，但木塔都未受到丝毫损害。这些事实说明，应县木塔抗震能力非同一般，反映了中国古代木构建筑已达到相当高的成就。

应县木塔

应县木塔的设计，大胆继承了汉、唐以来富有民族特点的重楼形式，充分利用传统建筑技巧，广泛采用斗拱结构，全塔共用斗拱54种，每个斗拱都有一定的组合形式，设计科学严密，构造完美，巧夺天工，在中国古代建筑艺术中达到了最高水平。

安阳修定寺佛塔有什么艺术特色？

在今安阳市西北35千米的清凉山南麓有一座修定寺遗址，距今已有1500多年的历史。

相传修定寺创建于北魏太和十八年（494），曾名天城寺、合水寺，从隋代起改称修定寺。隋末寺院荒废，至唐太宗时下诏予以全面修复。寺中有一座建于唐代的砖砌浮雕舍利塔，这就是安阳修定寺塔。此塔修建的具体时间在文献上无明文记载，但在塔的南侧门楣上有唐、宋、金各代题记可为佐证。从题记可知，最晚在唐咸通十一年（870），此塔已经存在。再从唐太宗下诏修建寺院以及塔的形制与雕刻风格来分析，此塔应是初唐遗物，很可能是唐太宗贞观年间（627～649）所建。

塔的形制为四方形单层单檐亭阁式，原塔高近20米。基座平面呈八角形，下为束腰须弥座，内为夯土，外部砌砖。在须弥座外壁还残存着飞天、力士、伎乐、飞雁以及花卉、帷幔等雕饰。须弥座上为四方形塔身，每面宽8.3米，高9.3米。南面辟门，门上圆拱部分中间刻三世佛坐像，两侧刻阿难、迦叶及两菩萨和两天王像，共9尊佛像。佛像下的门楣正中有唐、宋、金的题记，包括唐咸通十一年（870）

❀安阳修定寺佛塔上的狮子浮雕

的草书题记。

整个塔身外壁刻满各种雕饰，全部用雕刻模制作的矩形、菱形、五边形、三角形和一些由直线曲线组成的雕砖拼砌而成。共计有各种雕砖3442块，其中以菱形雕砖为主。外壁画面构成帐幔形式，塔身四隅雕制断面为马蹄形的角柱各一根。柱身上也布满了雕刻精致的团花图案。整个塔身雕砖的图案多达72种，其中既有佛教题材的天王、力士、飞天、狮、象等，也有中国传统习俗的青龙、白虎和各种植物、花草等，甚至还有不少道教内容的真人、童子、侍女等。这种佛、道与民俗的大融合，在早期的佛教雕饰艺术中是很罕见的。尤其是雕刻图案中还有作舞蹈姿态的胡人形象，反映了中国唐代民族大团结的情况。

修定寺塔

塔身的结构。内壁用绳纹小砖垒砌，并用澄浆泥黏结，壁体厚约2米。外表浮雕砖的贴砌方法有3种：一是在浮雕砖的背面制作背榫，将榫楔入墙内，或用素面砖压在背榫上，使之稳固；二是利用浮雕砖的不同厚度，与内层素面砖相互嵌砌；三是利用大铁钉和铁片子以拉联支托。在塔身内部距地面5.16米的地方，还安装有木顶棚两层，自上层顶棚起，塔顶向内挑出叠涩砖62层，收为四角攒尖的小平顶。塔刹现已不存，据20世纪40年代的照片所示，原为一大型莲座，上承巨大宝珠，用琉璃瓦制作。根据形制与材料质地色彩判断，应是明代重修时所加。

在全国解放以前，修定寺的雕砖曾屡遭帝国主义分子和古玩奸商盗窃，损失了不少。后来当地群众用白灰泥将塔四周浮雕图案全部覆盖，借以保护这一珍贵文物。因此数十年来，此塔的本来面目一直未为世人所知。1978年，河南省进行文物普查，才发现了这一极具研究价值的历史文物。

西安大雁塔有什么艺术特色？

大雁塔昔时位于唐长安城内，今在西安市城南慈恩寺大殿之北。它与小雁塔一起，同为中国盛唐时期的佛教胜迹，并成为古城西安的显著标志。1961年，有16座古塔被定为全国重点文物保护单位，大雁塔就是其中之一。

慈恩寺本是隋代创立的无漏寺，唐贞观二十二年（648）太子李治为报答其母文德皇后的养育之恩，将其扩建为大慈恩寺。从此，从印度取经归来的玄奘从弘福寺移住慈恩寺，在此主持译经事务，创立了法相宗，并倡议修建大雁塔。

大雁塔建于永徽三年（652），用以贮存玄奘自印度带回的梵文佛经，安放唐太宗、高宗亲自撰写的《圣教序》与《圣教序记》。开始是一座5层的土心砖塔，高60米。因土心塔不坚固，又施工不良，不久便倒塌了。长安元年（701），武则天下诏拆建改造，塔身增至10层。后又因风雨侵袭、战争破坏，此塔仅剩7层。五代后唐长兴年间（930～933）对此塔再次进行修葺，这就是现存的大雁塔。

此塔本为慈恩寺塔，为什么称为大雁塔呢？有几种不同的说法：一是说西域建塔，下层为雁形，故称雁塔，唐朝沿用；二是说建塔时，有大雁过此，坠而葬于塔中；三是说佛祖释迦牟尼曾化身为大雁，舍身去救穷苦大众，人们知道这只大雁是佛祖化身，谁也不肯吃，便将其埋于地下，并建塔纪念，因此佛塔又称雁塔。唐朝时，人们十分崇尚大雁，于是就把玄奘倡议为贮藏佛教经典而修建的这座塔称为雁塔了。后来为与小雁塔相区别，故称大雁塔。

现存的大雁塔是一座典型的楼阁式方形锥状砖塔，其外表砖乃明代加筑包砌。塔分7层，通高64米。其平面呈方形，基座每边长45米，高4米。塔身为长方形角锥体，底层每边长25米，全部用青砖砌成，磨砖对缝，结构坚固。塔身仿木构楼阁式，各层壁画均用砖砌成扁柱及栏额。下面一、二层为9间，中间三、四层为7间，上部五、六、七层为5间。每层四壁之中，均辟券门。层与层之间有梯道相通，可直达塔顶。每层的拱门也可凭栏眺

望。塔身底层的门楣与门框上，均有唐代精美的刻线画，堪称难得的艺术精品。

千百年来，有无数的文人学士曾登临大雁塔，为之吟诗作赋，留下了千古绝唱。如唐天宝十一载(752)，诗人杜甫、岑参与高适同登大雁塔，每人都作诗一首，写景抒情。岑参写道："塔势如涌出，孤高耸天宫。登临出世界，磴道盘虚空。突兀压神州，峥嵘如鬼工。四角碍白日，七层摩苍穹。下窥指高鸟，俯听闻惊风。"这首诗对大雁塔的巍峨雄姿，可以说是描绘得淋漓尽致、无以复加了。而杜甫的《登慈恩寺塔》不仅描写了此塔"高标跨苍穹"，而且表示了诗人对国事的忧思，对唐玄宗君臣的失望。其中所说的"君看随阳雁，各为稻粱谋"，不仅对李林甫、杨国忠等趋炎附势的小人进行了无情鞭挞，也为后人留下了千古名句。

从唐朝起，大雁塔就成为新科进士金榜题名的地方。当时考中进士的人先在曲江参加宴会，名为曲江宴。然后集中到慈恩寺，推举擅长书法的人把考中者的名字刻在砖上。白居易27岁中进士，在同时考中的17人中，他年龄最小，因此他曾得意地写道："慈恩塔下题名处，十七人中最少年。"于是后代文人总把"雁塔题名"当做自己为之奋斗的目标，而"雁塔题名"本身也就变成了科举得中的同义语。

大雁塔

西安小雁塔有什么艺术特色？

小雁塔位于唐长安城安仁坊荐福寺内，现在西安市南门外、友谊路南侧。

小雁塔与大雁塔东西相向，是古都唐长安保留至今的重要标志。因其体量比大雁塔小，修建时间也晚，故称小雁塔。但从古建筑的角度看，它保存了唐代建筑的原貌，比明代包砌了一层厚砖的大雁塔更有文物价值。1961 年，它与大雁塔一起，同被确定为全国重点文物保护单位。

小雁塔原名“荐福寺佛塔”，是荐福寺重要建筑之一。荐福寺建于唐睿宗文明元年（684），是唐高宗死后百日、宗室皇族为他荐福修建的，当时称为“献福寺”。武则天掌权时，于天授元年（690）改名为“荐福寺”，成为唐长安著名的寺院。武则天证圣元年（695），前往印度求佛法、游历了 30 余国的唐高僧义净回到故土，武则天亲至洛阳上东门外迎接。神龙二年（706），义净入居荐福寺主持译经事务。唐中宗景龙元年（707），为保存义净从印度带回的佛经、佛像，才建造了这座小雁塔。

小雁塔为四方形砖构密檐式塔，原为 15 层，高 46 米。后因地震，坍落两层，现有 13 层，高 43.3 米。塔下为方形砖砌基座，座上置第一层塔身，每边长 11.38 米。第一层塔身特别高大，南北辟门，以供出入。第二层以上的高和宽度都逐层递减，塔的外形逐层收小，自六层以上，塔身外形急剧收杀，使塔上

荐福寺

部呈现圆和流畅的外轮廓线。第一层塔身上出密檐15层，每层檐子之间距离甚小，仅南北辟小窗，供采光通气用。所出密檐均以叠涩方法挑出，下面出菱角牙子，菱角牙子上叠涩出层层略微加大的挑砖15层。在底层的青石门楣上，用线刻方法刻出供养天人和蔓草图案，刻工精细，线条流畅，反映了初唐的艺术风格。塔身内部为空洞式结构，设木构楼层，有楼梯盘旋而上。

荐福寺山门内建有钟鼓二楼，钟楼内有一口金代明昌三年（1192）重2万多斤的大铁钟。过去，每天清晨寺僧按时撞钟礼佛，钟声清脆，远播城乡，催人梦醒。这就是被誉为关中八景之一的“雁塔晨钟”。

小雁塔建于密檐式塔的初创阶段，在结构上存在一定缺点。最突出的是它的塔身上开的小窗，南北相对，上下成串，削弱了整体结构的牢固性。明成化二十三年(1487)，长安大地震，此塔从顶部至底部裂开一尺多，“明彻若天牖，行人往往见之”。明正德末年（1521），长安又地震，奇妙的是，小雁塔不仅没有裂倒，反而“一夕如故”，塔身在一夜之间竟吻合如初了。对于这种裂而不倒、震而复合的现象，古人不能解释，说是“若有神比合之者”。其实，这并非神力所为，而正是人力所致。是中国古代建筑专家与劳动者高超技艺与聪明才智的结晶。由于塔体砌砖技术和砖的质量都很好，基础也很坚固，因此虽经大震，塔体并未松散崩塌。而塔基经过夯土已形成一个坚固的半圆球体，再次受震后又借内向应力吻合了。这的确是一个千古奇迹。明嘉靖三十四年（1556），长安又发生大地震，塔顶被震塌，但塔的外貌依然完整。1965年，政府拨出专款对小雁塔进行了修缮，采取了加固措施，并安装了避雷针。直到今天，小雁塔还是人们游览的重要景点。

荐福寺小雁塔

杭州六和塔有什么艺术特色？

在中国的古塔系列中，要说最为著名的，当属杭州西南钱塘江北岸月轮山上的六和塔了。

在家喻户晓的《水浒传》中，有“鲁智深浙江坐化，宋公明衣锦还乡”这么一回，说的是鲁智深随宋江军驻扎六和寺，夜半听到钱塘江潮信，悟出其师偈语：“听潮而圆，见信而寂”的含义，留下一折颂子，“忽地顿开金绳，这里扯断玉锁，咦！钱塘江上潮信来，今日方知我是我。”圆寂而去。说来也是有意思，这鲁智深六和寺坐化之事，本是小说家的虚构，但明清时修塔者却信以为真，在六和塔的第四层，为鲁智深塑了一个雕像。虽然雕像现在已经不存在了，但游人至此寻觅的兴致却丝毫未减。千百年来，不知有多少骚人墨客登塔抒怀，留下了不可胜数的名诗绝篇，诸如：“灿烂沧海开，落落云气悬。群峰可俯拾，背阅黄鹤骞。”“日升沧海横流外，人立青冥最上层。”以及“孤塔凌霄汉，天风面面来。江光秋练净，岚色晓屏开。独鸟冲波没，连帆带日回。”六和塔的孤傲挺拔和周围迷人的景色，在这些诗句中淋漓尽致地表现出来了。

六和塔又名六合塔。关于它，民间流传着许多优美的传说：一种说法认为塔的修建是为了纪念率领群众搬石填海，战胜恶龙，使得潮水按时起落，不再泛滥成灾的青年六和，并起到镇伏海潮的作用；另有一种说法认为塔名的由来源于春秋战国时期六国为抗强秦，在纵横家苏秦的游说下，在钱塘江畔的月轮山会盟之事。这些关系历史的传说，虽非事实，但反映了人民对于战胜邪恶和团结抗暴的美好愿望。

根据《咸淳临安志》等历史文献记载，六和塔始建于北宋开宝三年（970），是吴越王钱俶为镇伏江潮而舍宅造塔，并建塔院。因该地旧有六和寺，故称六和塔。又称六合塔，是取天、地、东、南、西、北六方以显示其广阔的含义。六和塔初建时规模十分宏大，塔身9层，高“五十余丈”。塔顶上装有塔灯，为钱塘江上过往夜航的船舶导航。

千余年来，塔身屡遭破坏。北宋宣和三年（1121），六和塔几乎完全毁于兵火。南宋绍兴二十六年（1156）才又重建，历时十一年，到隆兴元年（1163）才竣工。重建之后，塔身的高度已经不如以前，减少了2层。此后，明嘉靖三年（1524）、清雍正十三年（1735）、光绪二十六年（1900）又几次加以修缮。现存的砖构塔身是南宋绍兴二十六年重建的原构，塔刹为元代元统二年（1334）的遗物，外部木檐为光绪二十六年重修。1934年，著名的建筑家梁思成先生对六和塔进行了详细的调查，并作了六和塔的复原设计。新中国成立后，六和塔被列为首批全国重点文物保护单位。

现存的六和塔，平面呈八角形，外观13层，内部仍为7层，通高59.89米，是江南屈指可数的几个高塔之一。塔身为砖砌，外檐为木构。塔身的结构大致可分为外墙、回廊、内墙和中心小室等四部分，从而形成了墙夹回廊的内外两环格局。在回廊之间设有穿壁螺旋式阶梯，盘旋上登，直到顶层。

外墙墙体四面辟门，因为墙体厚达4.12米，因此穿墙门而过时，颇有在甬道中行走的感觉。在“甬道”的两侧有壁龛，壁龛下为须弥座。穿过外墙，就来到了1.93米宽的回廊。内墙也四面辟门，另四面为壁龛，结构大体与外墙相同。穿过内墙门洞，就来到中心小室。每层皆有，这些造作考究的方形塔室，原是用来供佛像的。室内有斗拱承托天花藻井，天花藻井用两层叠涩牙子挑砌。

塔内四壁上约有近200方砖雕，题材十分丰富，有飞仙伎乐、花卉、鸟兽虫鱼等各式栩栩如生的花纹图案。塔外的木廊宽阔舒展，登塔的人可以从塔内走出，在外廊饱览周围的山川秀色。

杭州六和塔

为什么说敦煌莫高窟是一座佛教艺术宝库？

敦煌莫高窟位于甘肃敦煌鸣沙山东麓，是中国佛教著名石窟，亦称「千佛洞」、「敦煌石窟」。是世界上现存规模最大的佛教艺术宝库。

莫高窟凿于敦煌市东南25千米的鸣沙山东麓断崖上，上下五层，高低错落，鳞次栉比，南北长约1600多米。据武周圣历元年（698）李克让《重修莫高窟佛龛碑》记载，乐尊和尚于前秦建元三年（366）创凿洞窟，法良禅师接续建造，后经北魏、西魏、北周、隋、唐、五代、宋、西夏至元诸代相继凿建。莫高窟现存北凉、北魏、西魏、北周、隋、唐、五代、宋、西夏、元各代壁画和塑像的洞窟492个，壁画4.5万余平方米，彩塑2415躯，唐、宋木构建筑五座，以及莲花柱石和铺地花砖数千块。窟内造像均为泥质彩塑，有单身也有群像，最大者高33米，小者不过10厘米，精彩纷呈。壁画则是敦煌石窟艺术中数量最多、成就最高的一部分，若将其画面以2米高排列，可构成长达25千米的画廊；莫高窟壁画以佛教思想为主，但也有反映中国古代狩猎、耕作、纺织、交通、作战、建筑、艺术、婚丧嫁娶等社会生活各方面的内容，其题材之广泛，内容之丰富，是中国其他石窟所无法比拟的。

莫高窟洞窟的形制大体上有三种类型：禅窟、中心塔柱窟和覆斗式窟。禅窟也称毗诃罗窟，其主室纵长，后壁开一个大圆券龛，内塑佛像，南北两壁各开四个方形小

敦煌石窟的标志性建筑九层塔

禅室，每个禅室一米见方，仅能容一僧在内修行，这种形制只有新疆和敦煌可以见到；中心塔柱窟，则是在主室后部建中心塔柱，塔柱前凿成仿木构的人字坡屋顶形式，这是敦煌石窟所特有的形制；覆斗式窟，平面为方形，后壁凿佛龛，窟顶从四壁顶部向上斜收，形成方形的藻井，顶心和四坡多画满壁画。

莫高窟属于玉门系砾岩，石质松脆，不宜雕刻，古代匠师就地取材，发展了泥彩塑和壁画两种形式，其中尤以“绘塑一体（壁画与雕塑融为一体）”为一大特色。十六国到北周时期彩塑的主要内容有弥勒像、释迦多宝并坐像、说法像、禅定像、思维像以及表现释迦牟尼生平事迹的佛传故事像等。彩塑形象以圆雕、浮雕和拓模影塑等手法表现，既有早期受中亚犍陀罗影响的圆脸直鼻、袒肩披巾的西域式，也有后来流行于北方的面瘦含笑、褒衣博带的中原式。隋唐两代彩塑多为圆雕，一般在正壁大龛中或中心佛坛上列置群像，窟内有三世佛、三身佛、七世佛、弥勒佛、阿弥陀佛、释迦牟尼，以及胁侍菩萨、弟子、天王力士和高僧像等；并出现了前代少见的高大塑像，特别是第96窟初唐的北大像，高33米；第130窟盛唐的南大像，高26米，以及第15窟中唐的大型涅槃像，皆为中国古代巨型彩塑之精品，彩塑形象逐渐趋于写实，面相丰满，比例适度，人物性格刻画细腻。

莫高窟各洞的壁画更是丰富多彩。隋代前的北朝壁画，以佛传、本生、因缘故事和千佛为主。隋唐时期为莫高窟全盛期，经变题材成为壁画主体，此外还有与经变画相配合的屏风画、佛教感应故事画、瑞像图以及历史人物画等。其人物造型、敷彩晕染和线描技巧，都达到空前的水平。五代、宋时壁画题材多沿袭唐代。其中第61窟的《五台山图》通贯全壁，为莫高窟最大的一幅壁画。西夏时的壁画，则装饰性较浓。元代壁画，更渗入了藏传佛教密宗的风格。莫高窟壁画不但保存大量有关佛教经典的经变图、佛教史迹图等，还真实地保存了丝绸之路上各民族生活以及中西关系的形象史料，涉及佛教文化的各个领域。

19世纪上半叶以来，国内学者开始注意对敦煌石窟艺术和历史的研究。1943年设立了敦煌艺术研究所，进行修复、保管和研究工作，后又更名为敦煌文物研究所。

为什么云冈石窟有"东方的伟大奇迹"之称？

云冈石窟位于山西大同市西郊16千米的武周山（云冈）南麓，由东向西排列着绵延1千米长的53个石窟。

云冈石窟比敦煌石窟晚开凿一百年左右，在雕刻艺术上素以气势雄浑著称，被称为"东方的伟大奇迹"。

云冈石窟依山开凿，中间两道小峡谷将其分为东、中、西三部分。现存主洞窟53个，小龛1100多个，造像5.1万余尊，最大的高达17米，是中国古代最大的石窟群之一，与龙门石窟、敦煌莫高窟并列为三大佛教石窟艺术宝库。云冈石窟始凿于北魏成帝和平元年（460），主要石窟完成于太和十八年（494）孝文帝迁都洛阳之前的30年间，而造像工程一直延续到北魏正光年间（520～525）。初由名僧昙曜主持，先后开窟五所，造佛像各一，

云冈石窟浮雕飞天

此即北魏开国后五位皇帝祈福的昙曜五窟（第16至20窟）。此五窟属早期作品，平面作椭圆形，穹窿顶，主像以三世佛为主，外壁雕千佛。造型特征受中亚犍陀罗艺术的某些影响。第二期石窟，约完成在自昙曜五窟之后至孝文帝迁都洛阳之前，主要有5组：其中四组为第七、八窟，第九、十窟，第五、六窟，第一、二窟，均为双窟；另外一组为第十一、十二、十三窟。在此时开凿的还有第三窟。这一时期的石窟平面多作方形，有前室，顶部多雕平綦，有的窟中立塔柱。造像题

材多样，大像减少，出现褒衣博带式佛装。题材除三世佛、弥勒菩萨、千佛外，还有释迦多宝佛，维摩与文殊像和佛传、佛本生故事等。雕刻风格偏于精细优美。自孝文帝迁都洛阳至北魏末为第三期石窟，多为不成组的中小窟，补刻小龛较普遍，造像的面型清瘦，长颈、肩、衣裙密褶重叠。题材流行释迦牟尼、多宝如来二佛与维摩、文殊像，佛传故事较多。隋唐开凿极少，第三窟的阿弥陀等三尊大佛约为初唐雕刻。辽金时期仍有续凿。云冈晚期，石窟造像已基本采用当时中原流行的“秀骨清像”式风格，佛、菩萨已不再是不食人间烟火的形象，而是表情自然生动，富有人间生活气息；飞天的形象则更为潇洒俊逸，具有江南女子的风韵，是佛教艺术中国化、世俗化的结果。

佛像造型巨大宏伟，是云冈石窟造像的显著特点。第20窟的本尊“露天大佛”是云冈石窟的代表作。大佛原本处于石窟之中，后因地震造成窟前山崖崩塌，才暴露在外。大佛高13.7米，面部方正丰满，双眼长而锐利，鼻梁端正而高直，耳轮垂至双肩，手长过膝，宽肩细腰，头顶有高起的肉髻，眉间一撮白毫。身披印度右袒通肩式袈裟，结跏趺坐，尽管腿部已剥蚀，手已残损，仍然法像庄严，气度非凡。云冈石窟的佛教雕刻，既继承了汉代石刻艺术的传统，又融合了来自西域、凉州的造像风格，刀法淳朴，气势雄伟，具有北方早期佛教造像的特点，体现了中国古代艺术家杰出的创造力。

云冈石窟佛坐像

龙门石窟在佛教建筑史上地位如何？

龙门石窟位于河南省洛阳市南郊的伊河两岸。古称「伊阙」，故该石窟亦称「伊阙石窟」，隋唐之后习称龙门，是中国佛教著名石窟，与莫高窟、云冈石窟并称中国佛教石窟艺术的三大宝库。

龙门石窟开凿于北魏孝文帝迁都洛阳（494）前后。据记载，开凿最早的洞窟是西山南部的古阳洞。孝文帝迁都后，在统治阶级的倡导下，王公贵族带头在龙门掀起了第一次造像高潮，为期35年左右。入唐以后，唐太宗、高宗、武后和玄宗时期又掀起了120年左右的第二次造像高峰。中唐以后，龙门造像渐趋衰落。五代至北宋时期接近尾声。龙门石窟现存大小窟龛密布于东、西两山的崖壁上，计有窟龛2137个，造像10万余尊，碑刻题记3600多品，佛塔40余座，大多为唐开元（713～741）前作品，武则天时期为多。

龙门石窟的形制主要有礼拜窟（相当于佛殿窟）和禅窟两大类；若从造像的时代来分，主要有北魏洞窟和唐代洞窟两大部分；若从地理区域来分，主要有西山窟群和东山窟群两大范围。

龙门石窟中比较重要的窟龛几乎都集中在西山窟群，有北魏窟和唐窟两大类，其中北魏代表窟有古阳洞、宾阳中洞、莲花洞、魏字洞、石窟寺等；唐代的代表窟有潜溪寺、宾阳南北洞、奉先寺、龙华寺、净土堂、极南洞等。其中奉先寺的卢那舍大佛造像是盛唐佛教艺术的登峰造极之作。东山窟群全为唐窟，主要有四雁洞、莲花洞、看经寺窟、万佛洞以及擂鼓北洞、擂鼓中洞、擂鼓南洞。龙门石窟多数大型石窟

与帝王贵族祈求佛佑、冥福有关。如宾阳洞是北魏宣武帝为其父母孝文帝、文昭皇太后而建；古阳洞是拥护孝文帝迁都的文武官僚为求佛护佑而建；奉先寺是武则天为祈佛庇护而建。

龙门石窟的风格与莫高窟和云冈石窟略有不同，其特点为：窟形单纯，较少变化，题材较为简明突出。北朝造像以释迦牟尼、弥勒、多宝如来、三世佛、七世佛为主。隋唐时期造像的主像大都是阿弥陀佛、弥勒佛，还有卢舍那佛、药师佛等，反映了净土宗的兴起和佛教艺术的日趋世俗化。龙门石窟早期造像具有典型的“中原风格”，即形象身材修长，面瘦颈长，肩胛削窄，眉目开朗，嫣然含笑，衣裙飞扬。这种造像风格是当时南北文化交流的结果，在北魏后期曾风行全国，成为南北朝统一的时代风格。龙门石窟的大量碑刻题记，如《龙门二十品》，褚遂良书《伊阙佛龛之碑》等，是中国古代书法艺术的珍品。造像题记很多都有纪年标志，也是研究石窟艺术发展的重要依据。

新中国成立前帝国主义分子曾盗走许多石刻精品，较小的佛像大多失去头部。著名的宾阳中洞两块北魏浮雕“帝后礼佛图”，即被盗往西方。

龙门石窟奉先寺

麦积山石窟有什么样的建筑特色？

麦积山石窟位于甘肃省天水县城东南约45千米的麦积山，因其山峰平地崛起，形如农家积麦之状，故名。

麦积山石窟原是一座完整的山体，后因地震，分裂为东崖、西崖两处，现有栈道相通。麦积山石窟现存各代窟龛194个（其中东崖54个，西崖140个），雕塑7000余身，壁画1300余平方米。

麦积山石窟开创于后秦后期，其后北魏、西魏、北周陆续大规模建造。麦积山石窟雕塑以泥塑为主，可分为高浮雕、圆塑、粘贴塑和壁塑四种。它们在艺术形式上追求静穆庄严的艺术境界，动静结合，严谨而不死板，同时，也注意作品的整体性及其与建筑、壁画的协调性。在艺术形象的塑造方面则具有明显的写意性和强烈的世俗性。后秦到西秦时期的造像以第74、78二窟的主佛为代表，既有北方民族朴实雄健的形象特征，也带有古印度及西域造像的风格。现存北魏时期的洞窟约有80多个，占麦积山石窟总数的40%；北魏前期造像以第69、76、75、81、100、128，148、155、156、169等窟为代表，有两种类型，一种体态健壮浑厚，另一种体形修长、扁平、薄衣透体；北魏后期造像风格以“秀骨清像”为主，代表窟有第127、133、142、140、28、30

❀麦积山44窟正壁佛像

西魏时代作品。佛像衣饰下摆褶纹线条已趋繁复，由此可看出佛像造型渐趋中土化的迹象。

等窟。西魏时期的洞窟以第43、44、135、123、102、105、120等窟为代表，造像风格是“秀骨清像”的延续。北周时期的造像风格已开始向隋唐风格过渡，面相丰圆，身材匀称，以第3、4、22、26、44、55、62、141等窟为代表。隋代的造像丰满富丽，作风写实，夸张合理，以第5、8、10、13、14、37、152等窟为代表。宋代没有开凿新窟龛，只是在原有窟龛中增塑或者重修了大批造像，其风格为写实中求变化，时代性强，以第13、23、43、133等窟的主佛及第43窟的二力士最为典型。

麦积山石窟第5窟踏牛天王

初唐泥塑作品。此天王怒目圆睁，威严中带有一丝斯文。

麦积山石窟中最著名的是东崖的上七佛阁、牛儿堂以及西崖的万佛堂。上七佛阁（编号为第4窟）建在离地50多米的东崖壁上，构成了一个中国式的七间八柱崖阁，宽31米，深11米，高16米，在佛龛与大柱间组成长廊，长廊上部有巨幅彩塑天女散花图，与龛内的佛、菩萨群像相呼应，烘托出彩花飞舞的意境，故上七佛阁也称“散花楼”。牛儿堂建在东崖极高处，离地约60余米，三间四柱，内有三座佛龛；其长廊上原有四尊天王塑像，今仅存一尊脚踏着牛儿的天王塑像，人称“金蹄银角牛娃”，牛儿堂即因此得名。万佛堂（编号为第133窟）是西崖最大的石窟，离地约70米；窟内有唐塑宋修的接引佛，四壁满布影塑千佛和飞天，窟顶尚残存部分壁画；此外，万佛堂内还有石刻造像碑18通，雕刻精致，这些石碑是万佛堂的标志，万佛堂因此又称“石碑洞”。其中第10号碑刻佛传故事，八个连续的画面各具风采，实为不可多得的艺术珍品。

麦积山石窟在中国众多的佛教石窟中作为保存泥塑造像最丰富的石窟，是极其珍贵的民族文化遗产，被誉为“东方最大的泥彩塑艺术陈列馆”。

为什么说大足石刻是唐代以后石窟建筑的代表？

大足石窟位于四川省大足县境内。四川是中国石窟造像艺术最丰富的省份之一，几乎县县都有石窟造像。

重庆市大足县现存造像5万余躯，分布于县城周围40余处，总称大足石窟。开凿于晚唐，盛于两宋，是宋代造像最集中的地区。明清两代亦续有开凿。其中规模最大、造像最突出的石刻，当数北山石刻和宝顶山石刻。

北山石刻位于县城西北2千米，唐景福元年（892），昌州刺史韦君靖于此建寨造像，后经五代至南宋绍兴年间，历时250余年建成。以佛湾为中心，包括营盘坡，观音坡、佛耳岩、北塔等处。现存窟龛264个，造像3664尊。其中以宋代造像最为突出，而宋代造像又以菩萨最为突出。第136窟又叫“心神车窟”，窟内的佛、菩萨和金刚力士等造像个个端庄秀丽、雍容华贵而又个性鲜明，雕刻水平冠绝一时，是北山宋代造像水平最高的作品。第125龛中的“数珠观音”也是北山造像的代表作，该像手持捻珠立于莲座上，面露浅笑，体态轻盈，佩带飘舞，显得楚楚动人、妩媚多姿，俗称“媚态观音”。第245龛的晚唐作品“观无量寿经变”，则在高2.64米，宽2.24米的尺幅内，雕出大小不同的人物380多个、殿堂楼阁10多座，并配以飞天乐舞，这样复杂的场面以浮雕的形式雕出，其细致精巧，殊为罕见。孔雀明王窟中的一面四臂、骑孔雀的主像和满壁凿千佛，巧妙地

重庆大足宝顶山大佛湾第17号大方便佛报恩经变相（南宋）

把塔柱式石窟结构与密宗题材结合起来，具有极高的艺术表现力。北山还有《古文孝经碑》、《赵懿简公神道碑》、《韦君靖碑》等书法作品，也是弥足珍贵。

宝顶山石刻位于大足县城东北15千米处的宝顶山，是宋代石刻最出色最集中的地方。由宋代名僧赵智风创制，从南宋淳熙六年至淳祐九年（1179～1249），历时70余年建成。现存佛教造像窟龛群13处，造像数以万计，分布在大佛湾、小佛湾、倒塔坡、龙头山、三元洞、大佛坡、仁功山、珠始山等十八处。其中以大佛湾规模最大，大佛湾是利用一个天然山谷，凿石为壁，然后在高约10余米、长约500米的“门”形山湾峭壁上摩崖造像。大佛湾全部造像可分为19组大型群像，小佛湾现存造像600余尊，也有重要艺术价值。这些造像前后连接，表达一个或几个佛经故事，糅合了密宗、禅宗以及儒家孝道等各种思想，是研究雕刻史和宗教思想史的重要资料。宝顶山造像和北山造像普遍具有写实的倾向，质感强，表现细致繁复，更富生活气息；在风格上，北山造像以形象的美丽、富于理想性和装饰性见称。大佛湾造像则注重整体效果，很少作细腻雕琢，以朴实、自然和生动见长。

重庆大足石刻宝顶山柳本尊像（图中趺坐者）

大足石刻作为中国佛教雕刻世俗化的重要代表作品，为中国古代石窟艺术的发展画上了一个完美的休止符。

为什么说乐山大佛是中国最大的石刻佛像？

中国西部地区有许多高达几米至几十米的巨佛，它们大多依山就崖，凿石为像，构成了当地特殊的景观。

四川乐山大佛，是世界上最大的佛教石刻造像。

四川的乐山大佛、潼南大佛、潼南卧佛、荣县大佛、石门大佛、屏山立佛，甘肃的拉梢寺大佛、大像山大佛，陕西的彬县大佛，以及河南的浚县大佛等等，就是这种巨佛的典范，其中最著名的要数四川的乐山大佛。

乐山大佛是中国最大的依山取形的断崖石刻弥勒佛坐像。乐山，古称嘉州，是一个山清水秀的地方。在岷江、青衣江、大渡河三江汇合处，有一座被古人称为具有“夸父之巧，巨灵之工”的凌云山。凌云山又称九顶山，位于乐山市东1千米处。山有九峰（即九顶），分别为集凤、楼鸾、灵宝、丹霞、祝融、拥翠、兑悦、望云、就日，合称“凌云九峰”。据记载，唐代各峰皆建有寺、庙，今仅存楼鸾峰上的凌云寺。凌云寺又称“大佛寺”，寺内主要建筑有天王殿、弥勒殿、大雄宝殿、藏经楼、东坡亭、竞秀亭等，其规模宏伟，鸟韵泉香，令人陶醉。凌云寺旁即为著名的乐山大佛，也称凌云大佛。

乐山大佛雄踞于三江汇流处，依凌云山西壁凿岩而成，古有凌云大佛、嘉定大佛之称。据唐代韦皋《嘉州凌云大佛像记》和明代彭汝实《重修凌云寺记》等记载，佛像开凿于唐宣宗开元元年（713），完工于唐德宗贞元十九年（803），工程前后历时90年。

相传唐代海通禅师常见江水暴

涨，危及乐山城及行船的安全，遂发诚心，抉目励众，于岷江、青衣江、大渡河汇流湍险处，开山凿石，造勒佛像，以缓减水势，壮大行船人的胆量。当时，曾有一郡吏求贿于海通禅师，禅师曰："自目可剜，佛财难得。"郡吏大怒，海通禅师乃自抉其目，捧盘致之。吏乃大惊，遂奔走祈悔。由此可见海通禅师专诚之心。海通逝世后，造像工程曾一度中断，直到唐德宗贞元初（785），剑南道西川节度使韦皋才组织人力继续营建。唐贞元十九年，大像完工。大佛造型为倚坐式，头与山齐，足踏大江，通高71米，头高14.7米，头宽10米，头顶螺发，身着袈裟，袒胸示足，肩宽28米，眼长3.3米，耳长7米。两手置于膝上，给人以雄奇壮阔，顶天立地之感，素有"山是一尊佛，佛是一座山"之称，堪为世界上最大的石刻佛像。

这座建造于盛唐时期的大佛，体现了唐代雕刻的特点。唐代的佛教造像，善于吸收外来因素，与传统文化相融合。大佛的发式虽仍未脱印度式样，但从整体看，已摆脱了印度风格的影响，具有汉族人的特点。艺术家以大刀阔斧、粗犷质朴的手法，突出了大佛的手、足、头部，其余部分仅取其大势，使大佛形象庄严，气魄宏伟。如今，佛身已布满苍苔杂草，使这座大佛更平添了厚重的历史沧桑感。

四川乐山大佛像

佛教的四大名山是哪四座？

在中国佛教中，五台山、普陀山、峨眉山、九华山是中国佛教中的四大名山，它们分别是文殊、观音、普贤、地藏四位菩萨的道场，具有很高的宗教地位。

五台山

五台山位于山西五台县东北隅，相传为文殊菩萨道场。其地势东北高，西南低，方圆五百余里。因由五座山峰环抱，峰顶平坦宽阔，如垒土而成之台，故有五台之称。五台各为：东台望海峰，西台挂月峰，南台锦绣峰，北台叶斗峰，中台翠岩峰。五台之中北台最高，海拔 3058 米，素称“华北屋脊”。五台山以五峰为界，五峰之外称台外，五峰之内称台内。台内以台怀镇为中心。因五台山中盛夏气候凉爽宜人，故别名“清凉山”。

五台山在中国佛教史上享有重要地位。史料记载东汉永平年间这里已有寺庙，相传台怀镇西侧山峰，酷似古印度灵鹫山，故将山中第一座寺庙改名大孚灵鹫寺（今显通寺），北魏时曾把该寺重新扩建，其后各代均有增拓。北齐时在山区扩建寺院达 200 多所。隋代又在五顶各置一寺。唐代五台山再建佛寺 10 所。宋时全台内外有佛寺 72 所，其中有唐宋之间增建的 6 所。元时曾增建 2 寺，另有 13 佛刹，都修缮一新。明时全山寺院已增到 104 所。清时虽无详确记录，但由于皇帝多以内库金钱来修建佛寺，因此截止到清代，寺庙总数至少应当超出明代数目。明清两代工程大都偏于台内，所有台内前代古寺，几乎都被修缮一新。

五台山“灵峰胜境”牌坊

清朝皇帝均崇信佛教，康熙曾在台怀和南台等地建有行宫，每隔一两年必入山一次，直至嘉庆以后国运渐衰，才不复前往。今所有行宫均已坍塌。民国以来，仍不乏佛家信士施财修建寺庙，且寺僧掌有田产甚丰。

五台山是中国保存寺庙最多而又最完整的佛教名山。现存台内寺庙 39 座，台外寺庙 8 座。著名的五大禅处显通寺、塔院寺、菩萨顶（文殊寺）、殊像寺、罗 寺，建筑壮丽，雕刻精美，并有彩画及塑像。中唐时期，“五台山图”传至日本，又传到敦煌，绘入敦煌壁画。唐宋以来，日本、印度尼西亚、尼泊尔等国僧侣与五台山素有往来。

五台山作为文殊道场始于佛教徒对某些佛经叙述的附会。晋译《华严经》中提到“清凉山”：“东北方有菩萨住处，名曰‘清凉山’，过去诸佛菩萨常于中住。彼现在有菩萨名文殊师利一万眷属，常为说法。”不知当时五台山是否已被称为“清凉山”，但至少在北魏时，人们已将五台山比喻成清凉山了，因孝文帝当年曾在五台山营建清凉寺。五台山作为“文殊道场”被人们接受，是唐代的事。唐译《佛说文殊师利宝藏陀罗尼经》云：“释尊复告金刚密迹主菩萨言，我灭度后，于瞻部洲东北方有国名大震那（中国的古名），其国中有山号曰五顶，文殊师利童子游行居住，为诸众生于中说法。”人们很自然将“五顶”与“五台”联系起来。五台山因而名声大振，成为佛教徒争相朝拜的圣地。在佛教四大名山中，五台山因历史悠久，寺庙建筑规模宏大而著称，为四大名山之冠。

普陀山

普陀山位于浙江省舟山市境内，为舟山群岛之一，相传为观音道场。普陀山南北长 8.6 千米，东西宽 3.5 千米，面积 12.76 平方千米，周回海岸线长 33 千米。最高

普陀山磐陀石

峰为佛顶山，海拔 291.3 米。普陀山四周波涛浩渺，岛上洞幽岩奇，素有“海上佛国”之称。其东南海中又有小岛，称洛珈山（又称“补怛罗珈”、“布怛落伽”，皆为同一梵语异译），普陀山其实是普陀山和洛珈山的总称，确切地说应当称为“普陀洛珈山”。

据《普陀山志》记载，普陀山早在 4000 年前就有人居住。西汉成帝年间（前 32 ～前 7），南昌尉梅福弃官在此隐修炼丹，并为渔民治病送药，深得渔民尊敬，故梅福死后此山又改称“梅岭山”。传说唐朝时有古印度僧人来此，“亲睹观世音菩萨现身说法，授以七色宝石”。此后，佛教徒开始进入梅岭山，他们逐渐将此山改造为观音道场，并根据《华严经》所载观音菩萨说法处之名，将梅岭山改名为“普陀洛迦山”，简称“普陀山”，并沿用至今。

五代以后，历朝相继在山上兴建寺院。最盛时有寺院、庵堂等 218 座，僧尼两千余人。南宋绍兴元年（1131），将全山佛教各宗统归于禅宗，嘉定七年（1214）又规定该山以供奉观音为主，由此，“南海观音”、“南天竺”之称闻名海内外，历代出海商人、渔民，常常至此山礼拜观音，以求庇护。现存建筑主要有普济寺、法雨寺、慧济寺三大寺，又有紫竹林、潮音洞、多宝塔、梵音洞、盘陀山、南天门、西天门等佛迹。此外，山上还存有元、明书画家赵孟頫、董其昌等名人题字石刻。

普陀山作为观音道场始于某些佛教传说。除上面提到唐大中年间印度僧人来此“亲睹观世音菩萨现身说法”，遂传此地为观音显圣地之外，还有传说普陀山成为观音道场当是五代以后的事。五代后梁贞明二年（916），日本僧人慧锷第三次入唐求法时，曾从五台山请得一尊木雕观音像，欲迎回日本供奉。次年 4 月，当载着观音像的渡船离开明州（今宁波），行至普陀山时，不幸为风浪所阻无法前行。慧锷认为这是观音菩萨“于海东（即日本）机缘未熟”，遂将观音像置于潮音洞上方紫竹林中的张氏茅蓬。该茅蓬后来改建为观音庵院，称“不肯去观音院”。普陀山从此开始成为观音道场，每年观音节，四方香客如潮。普陀山除作为佛教名山外，著名的“普陀十景”亦享有盛誉，如：海湾春晓、短姑胜迹、两洞潮音、宝塔闻钟、莲池夜月、朝阳涌日、千步金沙、光熙雪霁、华顶云涛、盘陀夕照。今天的普陀山不仅是香客们朝拜向往的圣地，也成为中国东南一大旅游胜地和海滨浴场。

峨眉山

峨眉山位于四川省峨眉山市西南，相传是普贤菩萨显灵说法的道场。《峨眉郡志》称此山："云鬘凝翠鬒黛遥妆，真如螓首蛾眉，细而长，美而艳也"，故名峨眉山。

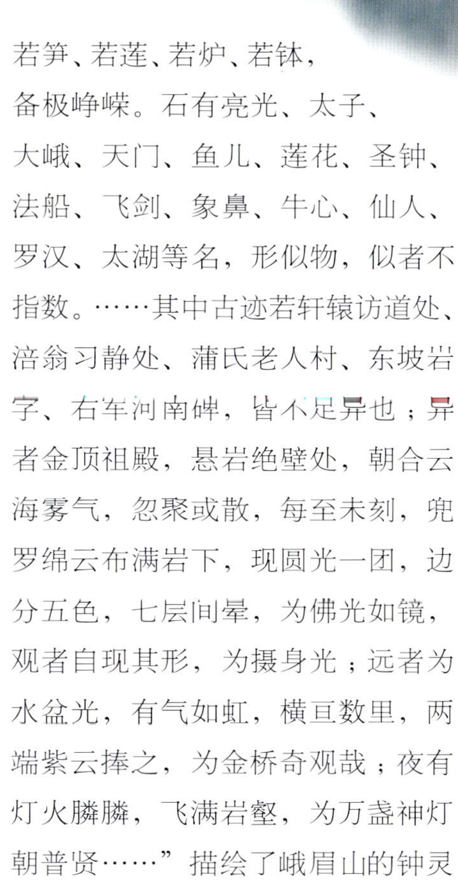
峨眉山

峨眉山有大峨、二峨、三峨之分，其中大峨为主峰万佛顶，海拔 3099 米，超过了五台、九华和普陀，高居四大名山之冠。其周围数百里内，峰峦起伏，重岩叠翠，气势磅礴，雄秀幽奇。由于山高，且又处于中亚热带，形成了低云、多雾、雨量充沛的山区气候，为植物生长提供了有利条件，山上各类植物多达 3000 余种，使峨眉山赢得了"峨眉天下秀"的美名。著名诗人范成大曾作《三峨》盛赞峨眉之秀在天下的地位："大峨两山相对开，小峨中峨迤逦来，三峨之秀甲天下，何须涉海寻蓬莱。""峨眉天下秀"的美名由此广为流传。

峨眉山上奇观众多。清人谭钟岳在《峨山记》中写道："其间峰峦层叠，若玉女、若宝掌、若狮驼、若笋、若莲、若炉、若钵，备极峥嵘。石有亮光、太子、大峨、天门、鱼儿、莲花、圣钟、法船、飞剑、象鼻、牛心、仙人、罗汉、太湖等名，形似物，似者不指数。……其中古迹若轩辕访道处、涪翁习静处、蒲氏老人村、东坡岩字、右军河南碑，皆不足异也；异者金顶祖殿，悬岩绝壁处，朝合云海雾气，忽聚或散，每至未刻，兜罗绵云布满岩下，现圆光一团，边分五色，七层间晕，为佛光如镜，观者自现其形，为摄身光；远者为水盆光，有气如虹，横亘数里，两端紫云捧之，为金桥奇观哉；夜有灯火膦膦，飞满岩壑，为万盏神灯朝普贤……"描绘了峨眉山的钟灵毓秀，若非亲临其境则不能领略其神韵。

唐、宋时期，佛教日趋兴盛，峨眉山梵宇琳宫，遍及山峦，有佛龛百余个，洞窟40个，又有万年寺、报国寺、千佛庵、雷音寺、洗象池、仙峰禅院、普光殿等寺宇名胜，以及铜铁佛像等，成为佛教僧众的礼拜之地。自清以降，该山佛教衰微，寺宇遭天灾人祸，损失大半。新中国成立后国家拨款加以整修，重点寺庙已面貌一新。山上的园林也得到保护，动物种类更是丰富，其中猴子等动物活跃于林间山道，与游人嬉戏，成为峨眉山一景。

峨眉山成为普贤道场始于峨眉山自然现象与佛经记载的某些契合。《华严经》中称："西南方有处名光明，从晋以来，诸菩萨于中止住。现有菩萨名贤胜，而普贤菩萨与其眷属3000人俱常在其中而演说法"。可见峨眉山为普贤道场，是以《华严经》所述于峨眉山佛光现象相比附的结果。而《华严经》最早为东晋时期来华的印度僧侣佛驮跋陀罗所译，因此普贤道场的说法应是晋代以后的事。

九华山

九华山位于安徽青阳县西南，南接黄山，北临长江，面积百余平方千米。相传为地藏菩萨道场。

九华山化城寺放生池

九华山共有99峰，以天台、莲华、天柱、十王等九峰最为雄伟，其中十王峰海拔1342米。《太平御览》载："此山奇秀，高出云表，峰峦异状，其数有九，故名九子山。"唐代大诗人李白于天宝年间携友来游九子山，见山奇水秀，不禁作诗赞曰："昔在九江上，遥望九华峰，天河挂绿水，绣出九芙蓉。我欲一挥手，谁人可相从？君为东道主，于此卧云松。"九子山从此更名为九华山，文人墨客多游历于此，九华山因而名声大振，被誉为"东南第一山"。

九华山群峰叠嶂，风光绮丽，山中多溪流、瀑布、怪石、古洞、苍松、翠竹，山光水色独特别致，名胜古迹，遍布其间。其中尤以"九华十景”最为著名。这十景分别为：天台晓日、桃岩瀑布、舒潭印月、九子泉声、莲峰云海、平冈积雪、东岩宴坐、天柱仙迹、化城晚钟、五溪山色。

魏晋时期佛教传入九华山，晋隆安年间九华山始有佛事活动。唐开元年间（一说永徽年间），传说释迦牟尼弟子地藏王菩萨金乔觉（新罗国王近宗）渡海至此，辟地藏王道场，传戒于山上化城寺，99岁圆寂时颜面如生。信徒建塔纪念，明万历帝赐名“护国肉身宝塔”，后建殿供奉。殿内有七级木质宝塔，高约17米，每层有佛龛八座，供奉地藏金色坐像，塔两侧有十王立像拱侍。唐末，九华山已有寺庙13座，宋代增至29座。明清时期九华山大规模建筑寺庙，是佛教发展的鼎盛时期，佛寺达300余座，僧众4000余人，山上终日香烟缭绕，经年不绝，享有“佛国仙城”之称。

九华山现尚存化城寺、肉身宝殿、祇园寺、甘露寺、东崖寺、旃檀禅林、慧居寺、天台寺等古刹80余座，佛像1500余尊，藏有明万历皇帝颁赐的圣旨、藏经及玉印、法器等文物1300余件。今已对外开放，成为中国著名游览区之一。

九华山成为地藏菩萨道场，与唐代时来华的新罗国（今朝鲜境内）高僧金乔觉有关，金乔觉本为新罗国王之子，削发为僧后号称地藏比丘，他在唐高宗永徽四年（653）渡海来至九华山，择地隐修长达75年，于唐开元十六年（728）七月三十日夜趺坐圆寂。这一天后来即成为地藏菩萨涅槃日。据说，金乔觉死后三年，人们看到其肉身与佛经中关于地藏菩萨“兜罗手软，金锁骨鸣，颜面如生”的描述相同，于是一致认为他就是地藏菩萨的化身，称他为“金地藏”，并起塔供奉。于是从中唐以后，九华山辟为地藏道场。

九华山甘露寺

佛教小百科

建筑

【组稿】胡名正

【责任编辑】徐丽萍　刘湘雯

【特邀审校】文慧校对　慧眼文化

【文图编辑】肖雪

【装帧设计】阮剑锋

【美术编辑】周邦雄

【图片提供】北京全景视拓图片有限公司　Imaginechina　Fotoe.com